August Ludwig Reyscher

Die staatsrechtlichen Folgen des deutschen Kriegs

Wo stehen wir nun?

August Ludwig Reyscher

Die staatsrechtlichen Folgen des deutschen Kriegs
Wo stehen wir nun?

ISBN/EAN: 9783743665606

Hergestellt in Europa, USA, Kanada, Australien, Japan

Cover: Foto ©ninafisch / pixelio.de

Weitere Bücher finden Sie auf **www.hansebooks.com**

Die

Staatsrechtlichen Folgen

des

deutschen Kriegs.

Wo stehen wir nun?

Von

A. L. Reyscher.

———— ⋄ ————

Stuttgart.
Verlag von A. Kröner.
1866.

In demselben Verlage ist erschienen:

Die wahren Ursachen des deutschen Kriegs. Was werden wir thun? Von A. L. Reyscher. Dritte Ausgabe. Preis 9 kr.

Druck von Gebrüder Mäntler in Stuttgart.

Die unmittelbaren Wirkungen des nun hoffentlich beendeten deutschen Krieges, der wie ein Orkan über unser vielgeprüftes Vater= land dahin brauste und mit den großen militärischen Erfolgen, aber auch mit den unermeßlichen Opfern an Menschen und Gütern, welche von beiden Seiten gebracht wurden, unvergeßlich bleiben wird, besprechen wir hier nicht, wohl aber die Frage: welche politisch= rechtliche Folgen knüpfen sich an diesen Krieg? Werden die neuen Verbindungen, welche daraus hervorgehen, Ersatz bieten für die politischen und wirthschaftlichen Bande, welche bisher die deutschen Staaten umschlossen? Werden die nationalen Hoffnungen endlich erfüllt, mindestens ihrer Erfüllung näher gebracht werden? Oder wird wirk= lich die Theilung Deutschlands dem eifersüchtigen Auslande zu Gefallen in Scene gesetzt und das südwestliche Deutschland von einer näheren Verbindung mit dem Norden ausgeschlossen werden? Soll auch die kommerzielle Einheit, welche bisher für den größten Theil des außer= österreichischen Deutschlands bestand und noch in den neuesten Handels= verträgen mit den westeuropäischen Staaten zur Geltung kam, zer= stört oder verkümmert werden?

Noch andere Fragen tauchen auf; doch wir wollen vorerst nur die wichtigsten Dinge in's Auge fassen und hauptsächlich die That= sachen reden lassen, deren „Logik" in den letzten Monaten fast Niemand sich entziehen konnte. Wir werden übrigens nicht stehen bleiben bei den l e z t e n Thatsachen, sondern zurückkehren auf die vorangegangenen, soweit sie zur Entdeckung der Gegenwart beitragen, und dann die rechtlichen Konklusionen ziehen.

Das ruhige Urtheil, um nicht zu sagen die Parteilosigkeit, welche in politischen Krisen nicht am Platze ist, wird sich der Verfasser auch in dieser Schrift, wie in der vorausgegangenen: über „die wahren Ursachen des deutschen Kriegs", zu bewahren suchen, eingedenk, daß es in dieser ernsten Zeit nicht frommt, die vorhandenen Zerklüftungen zu erweitern, sondern das zerrissene Vaterland aus seinen verschiedenartigen Bestandtheilen wieder aufzubauen.

Man darf es Niemanden verdenken, wenn er bei den plötzlichen Umwandlungen in Deutschland stutzig geworden ist, wenn er Zweifel hegt, ob damit auch eine Grundlage für Deutschlands Zukunft zu gewinnen sei. Die meisten Leser haben wohl in sich selbst diese Krisis durchgemacht. Aber zu einer Entscheidung sollte doch jeder kommen, dem die Reife des politischen Urtheils nicht abgeht; und bei dieser Entscheidung darf nicht wieder auf überwundene Standpunkte zurückgegriffen oder gar das Schicksal des gemeinsamen Vaterlandes dem Fatum überlassen werden. Die nachfolgenden Erörterungen bezwecken, Andern, welchen das Studium der einschlägigen Fragen weniger nahe liegt, jene Entscheidung zu erleichtern, und der Verfasser würde sich glücklich schätzen, wenn er sich sagen könnte, daß er diesen Zweck bei Manchen erreicht habe.

30. September 1866.

Der deutsche Bund.

(1815—1866.)

Der deutsche Bund, welcher nach langen diplomatischen Ver=
handlungen auf dem Wiener Kongresse am 8. Juni 1815 mühsam
zu Stande gebracht worden ist, entsprach weder den während und
nach den Befreiungskriegen von manchen Seiten gehegten Hoffnungen
auf eine zeitgemäße Wiedergeburt des heiligen römischen Reichs
deutscher Nation*), noch auch dem Bilde, welches der kaiserlich
österreichische Präsidialgesandte, Graf von Buol=Schauenstein, bei
Eröffnung der Bundesversammlung**) zu Frankfurt a. M. am
5. Novbr. 1816 entwarf, wonach Deutschland wieder als „Ganzes,
als eine politische Einheit, wieder als Macht in der Reihe
der Völker“ erscheinen sollte. Die neue Schöpfung war voraus
schon verdorben durch die Zusicherung, welche Oesterreich den Königen
von Bayern und Württemberg bei ihrem Anschluß an die Alliirten
in den Verträgen zu Ried und Fulba vom 8. Okt. und 2. Nov. 1813
ertheilt hatte: daß ihre kaum erst in dem Preßburger Frieden von
1805 erlangte und durch die Rheinbundesakte von 1806 bestätigte

---

*) Bis in das Einzelne ausgeführt ward diese Idee in dem Buche des hild-
burghausischen Regierungs-Vicepräsidenten, späteren Professors des Staatsrechts zu
Jena, K. E. Schmid, Deutschlands Wiedergeburt, Jena 1814.
**) Prot. der Bundesversammlung, Bd. 1. S. 16 (der Quartausgabe). Die
Eröffnungsfeierlichkeit bestand darin, daß außer den Gesandten die Legationsräthe
und Sekretäre im Sitzungslokale zugegen waren.

Souverainität werde erhalten bleiben. Damit stimmte überein der Ausspruch des ersten Pariser Friedens vom Jahr 1814 Art. 6: daß die
deutschen Staaten unabhängig und durch ein Föderativband
vereinigt sein werden. So war von allen Seiten dafür gesorgt, daß
Teutschland nicht einig, nicht stark, sondern nur die Schwächung
Teutschlands durch die in dem westphälischen Frieden (1648) gleichfalls unter Mitwirkung des Auslandes legalisirte Kleinstaaterei von
Neuem gesichert wurde. An den berühmten Aufruf von Kalisch
(25. März 1813), worin im Namen der verbündeten Monarchen
von Rußland und Preußen den Fürsten und Völkern Deutschlands
die Rückkehr der „Freiheit und Unabhängigkeit" verheißen worden
war, indem sie voraussetzten, daß sich keiner unter diesen Fürsten
finden würde, der, indem er der deutschen Sache abtrünnig sein und
bleiben wolle, „sich reif zeige der verdienten Vernichtung durch die
Kraft der öffentlichen Meinung und durch die Macht gerechter
Waffen," auch an die Worte, worin der Kaiser aller Reußen sein
Verhältniß zu dem „wiedergeborenen Teutschland", dahin bezeichnen
ließ: es könne dieß, „da Sie den fremden Einfluß vernichtet zu sehen
wünschen, kein anderes sein, als eine schützende Hand über ein Werk
zu halten, dessen Gestaltung ganz allein den Fürsten und Völkern Teutschlands anheimgestellt bleiben solle" — ward auf dem
Wiener Kongreß, von dem der geistreiche Prinz von Ligne sagte:
C'est un tissu politique tout brodé de fêtes, nicht mehr gedacht.
Während alle möglichen Interessenten, u. A. die seit 1806 mediatisirten Fürsten und Grafen sich herbeidrängten, um alte und neue
Rechte geltend zu machen, blieben die Völker unvertreten und auch
die Mehrzahl der deutschen Fürsten war von dem deutschen Komite,
worin die Gesandten von Oesterreich, Preußen, Bayern, Hannover
und Württemberg über die deutsche Verfassung beriethen, ausgeschlossen. Leicht ward es Oesterreich, den Antrag von 32 minder
mächtigen deutschen Fürsten und freien Städten auf Wiederannahme
der deutschen Kaiserwürde, die ihm seit mehreren Jahrhunderten durch
Wahl der Kurfürsten zugekommen war, abzulehnen: denn der Wiederherstellung einer wahrhaften Reichsgewalt mit den Mitteln, sich

Gehorsam zu verschaffen, würden nicht bloß Preußen, Bayern und Württemberg *), sondern auch einige europäische Mächte entgegen ge= wesen sein; eine deutsche Kaiserkrone ohne Realität und Macht hätte aber für Kaiser Franz keinen Werth gehabt, nachdem er schon im Jahr 1804, ehe er noch aufhörte, deutscher Wahlkaiser zu sein, den Titel eines erblichen Kaisers von Oesterreich angenommen hatte.

Auch nach Beseitigung der Kaiserfrage hatte die deutsche Ver= fassungs=Angelegenheit immer noch ihre großen Schwierigkeiten. Baden und andere Fürsten verlangten die Mitbetheiligung bei der Ordnung derselben; denn auch ihnen war meist bei den Accessionsverträgen von 1813 die Fortdauer ihrer Souverainität ausdrücklich zugesagt worden, wenn schon mit der Klausel: daß sie sich alle die Modifi= kationen gefallen lassen müssen, welche die künftige Verfassung Deutsch= lands nöthig machen werde. Vor dem Abschluß des Bundesvertrages erfolgte auch ihre Zulassung; doch war großer Zwiespalt in dem Komite selbst vorausgegangen. Der preußische Staatskanzler, Fürst von Hardenberg, hatte schon am 13. Sept. 1814 dem österreichischen Konferenzminister, Fürsten von Metternich, den Entwurf einer Grund= lage der deutschen Bundesverfassung übergeben, welcher nicht bloß den beiden Großmächten sondern auch den Mittelmächten, als Kreisobersten, in den wieder zu schaffenden 7 Reichskreisen und in der Bundes= versammlung eine vorwiegende Stellung einräumte, sondern auch jedem einzelnen Fürsten seine Stellung in der Bundesversammlung und seine landesherrlichen Rechte sicherte und darauf antrug, daß neben einer kräftigen Militärverfassung des Bundes ein ständiges Bundesgericht, besonders für Rekurse der Unterthanen bei Bedrückun= gen durch ihre Landesherren, einzurichten sei. Auch die Einführung landständischer Verfassungen sollte allen Bundesstaaten zur Pflicht ge=

---

*) Der König von Sachsen wurde nicht gefragt; seine Restitution bildete da= mals, wie jetzt wieder, den Gegenstand einer eigenen, der sächsischen Frage. Der großbritannisch-hannover'sche Bevollmächtigte, Graf Münster, erklärte zwar seinen Hof der Sache nach mit der Wiederherstellung des deutschen Reichs einver= standen, aber wegen der voraussichtlichen Erfolglosigkeit nicht weiter dafür wirken zu können.

macht und in dem Bundesstatut den Landständen ein gewisses Mini=
mum von Befugnissen, namentlich Antheil an der Gesetzgebung, Verwil=
ligung der Abgaben, ebenso den Landesunterthanen eine Anzahl „deutscher
Bürgerrechte“, insonderheit freie Auswanderung, das Recht der Be=
schwerde vor dem ordentlichen Richter und in den dazu geeigneten
Fällen bei dem Bunde, Preßfreiheit u. s. w. eingeräumt werden*).
Bayern und Württemberg widersetzten sich aber jedem Eingriffe in
ihre Souverainität und wollten im Wesentlichen nur eine völkerrecht=
liche Einigung, ein dauerndes Schutz= und Trutzbündniß zugeben, nicht
aber allgemeine Konzessionen von ständischen und „Bürgerrechten“,
oder eine gesetzgebende Gewalt des Bundes, wodurch die Landesge=
walt eingeschränkt würde. Am Ende, als die Zeit drängte, vereinigte
man sich zu jenem unglücklichen Kompromiß, das man Bundesakte
nennt, wodurch den Fürsten ihre Souverainität, ihren Landen und
Unterthanen aber in der That kaum das Wenigste von öffentlichen
Rechten gewährleistet wurde. (Später wurde die Ansicht geltend ge=
macht, daß darin das Höchste von zu ertheilenden Rechten liege und
was darüber hinausgehe, mit den Gesetzen des Bundes im Wider=
spruch stehe.) Und selbst dieser Bundesakte traten Württemberg und
Baden erst bei, nachdem durch das rasche Ende des neuen französi=
schen Kriegs, dessen Ausbruch die Kongreßmächte zur Einigung in
den europäischen und deutschen Fragen getrieben hatte, die Rückkehr
zu dem napoleonischen Rheinbunde abgeschnitten war**).

Daß die aus 17 Stimmen des engeren Raths und aus 69
Stimmen des sog. Plenum zusammengesetzte Bundesversammlung im
Wesentlichen nichts that, um die Bevölkerungen zu befriedigen, daß
sie namentlich niemals einschritt, um die Staatsregierungen zur Ge=
währung der im Art. 13 der Bundesakte im Allgemeinen verheiße=

*) Klüber, Acten des Wiener Kongresses Bd. 1. S. 45. Vergl. desselben
Uebersicht der diplomatischen Verhandlungen des Wiener Kongresses, Abth. 2, S. 201 f.
**) Napoleon wurde wegen seiner Rückkehr von der Insel Elba nach Frankreich,
welche ganz Europa in Schrecken versetzte, von König Friedrich von Württemberg
beglückwünscht.

— 9 —

nen landständischen Verfassungen oder auch nur zur Aufrechthaltung
bereits bestehender Verfassungsrechte anzuhalten, wohl aber seit der
mit den Karlsbader Beschlüssen vom Jahre 1819 einbrechenden
Reaktion fort und fort in die Verfassung und Gesetzgebung der
einzelnen Staaten eingriff, um die ständischen Rechte und die persönliche Freiheit der Staatsbürger in willkürlicher Weise zu beschrän-
ken, ist bekannt. Die Schlußakte der Wiener Ministerialkonferenzen
von 1820 ergänzte zwar die Bundesakte, ohne aber den Charakter
des Bundes zu ändern oder seiner Thätigkeit eine andere Richtung
zu geben. Seit 1824 gelangten die Verhandlungen der Bundesversammlung nur noch ausnahmsweise zur öffentlichen Kenntniß durch
den Druck von Auszügen aus einzelnen Protokollen. Doch brachte
die französische Julirevolution von 1830 wieder einiges politisches
Leben selbst in die Bundesversammlung. Ein roher Eingriff des
Herzogs Karl von Braunschweig in die Unabhängigkeit der Rechts-
pflege (durch Kassirung eines landesgerichtlichen Urtheils) und seine
Nichtanerkennung der während der vormundschaftlichen Regierung er-
neuerten Landschaftsordnung v. J. 1820 veranlaßten die Bundesversammlung zu mißliebigen Eröffnungen an den Herzog (7. Okt. u.
4. Nov. 1830), und als endlich die „auffallende Denk- und Handlungs-
weise" des Herzogs einen Aufruhr der Bürger in Braunschweig her-
beiführte, dem der Herzog durch Flucht sich entzog, ersuchte die
Bundesversammlung den Bruder des Herzogs, Herzog Wilhelm, die
Regierung des Herzogthums bis auf Weiteres fortzuführen, worauf
die herzoglichen Agnaten, in Uebereinstimmung mit dem Bunde, die
Regierung im Herzogthum wegen absoluter Unfähigkeit des bisherigen
rechtmäßigen Regenten als erledigt erklärten und Herzog Wilhelm
definitiv die Regierung übernahm (20 April 1831).

Minder geschützt, als die braunschweigische Landschaftsordnung,
welche von einem mächtigen Vormund, König Georg IV. von Großbritannien und Hannover, ertheilt und von einem hohen Agnaten
König Wilhelm IV. vertheidigt wurde, war das hannoversche Staats-
grundgesetz von 1833, welches von eben diesem Wilhelm IV. als
König von Großbritannien und Hannover erlassen, aber von dessen

Nachfolger auf dem hannoverschen Throne, König Ernst August, 1837 umgestoßen wurde. Hier erklärte die Bundesversammlung trotz der Hülfsgesuche aus Hannover (die verfassungsmäßigen Stände waren aufgelöst), daß eine bundesgesetzlich begründete Veranlassung zur Einwirkung in diese innere Angelegenheit nicht bestehe. Entgegengesetzte Anträge von Bayern und Baden wurden abgelehnt. Ja so weit erniedrigte sich der Bundestag, daß er die Verbreitung eines von der Stadt Osnabrück eingeholten Rechtsgutachtens der Tübinger Juristenfakultät verbot und die württembergische Regierung aufforderte, „nach Befund der Umstände" den Bundesbeschluß vom 20. September 1819 wegen Ueberwachung der Universitäten und Entfernung gefährlicher Lehrer auf diejenigen Professoren in Anwendung zu bringen, welche an besagtem Gutachten Theil genommen*); was jedoch glücklicher Weise damals keine Folgen hatte.

Noch steht in gutem Gedächtniß, wie abermals in Folge eines Anstoßes von außen, im Jahr 1848, der Unmuth des Volkes sich Bahn brach und eine bloße Privatversammlung, das Vorparlament, die Bundesversammlung vermochte; Wahlen zu einer „konstituirenden Nationalversammlung" auszuschreiben, wie sodann der von dieser eingesetzten „provisorischen Reichsgewalt für Deutschland" die Bundes-Befugnisse abgetreten wurden, wie aber, nachdem die Revolution in Wien und Berlin besiegt war, sowohl die Thätigkeit der deutschen Centralgewalt, als auch die Einführung der Grundrechte des deutschen Volks vom 27. Dez. 1848 bei einzelnen Regierungen Hindernisse fand und, als endlich die Reichsverfassung vom 28. März 1849 zu Frankfurt beschlossen und verkündigt war, ihre Ausführung gehindert und schließlich der alte Bundestag wiederhergestellt wurde.

In der That war es nur der alte Bund, welcher wieder sein ferienreiches und thatenloses Leben begann. Die wiederholten Betheurungen Oesterreichs, daß es mit Wiederherstellung der Bundes-

---

*) Siehe den Bundesbeschluß v. 30. Sept. 1829 und die darauf bezüglichen Abstimmungen und Aktenstücke in dem hannover'schen Portfolio 3. Bd. Stuttgart 1840, S. 169—235.

verfassung keineswegs eine bloße Erneuerung der alten Zustände be=
absichtige, sondern nur den Weg zur nothwendigen Reform der
Bundesverfassung anbahnen wolle, beßgleichen die Versprechungen der
mittelstaatlichen Regierungen, alsbald eine zeitgemäße Verbesserung
der stets als mangelhaft anerkannten Bundesverfassung herbeizuführen,
gingen nicht in Erfüllung. Dagegen entfaltete der restaurirte Bundes=
tag wieder seine hochpolizeiliche Wirksamkeit. Nicht nur wurden die
„Grundrechte des deutschen Volks" von ihm als nichtig erklärt;
auch die in den einzelnen Bundesstaaten vor und seit dem Jahre
1848 getroffenen staatlichen Einrichtungen und erlassenen gesetz=
lichen Bestimmungen sollten von den Regierungen einer sorgfältigen
Prüfung unterworfen und, wenn sie mit den Grundgesetzen (?)
des Bundes nicht im Einklang stehen, diese „nothwendige Ueberein=
einstimmung" ohne Verzug bewirkt werden. (Bundesbeschlüsse vom
23. März 1851.) Die Presse, das Vereins= und Versammlungs=
recht wurden von Neuem durch Bundesbeschlüsse eingeschränkt, be=
ziehungsweise unterdrückt und geradehin die Regierungen zu Oc=
troirungen unter Zusicherung der Unterstützung des Bundes aufge=
fordert. Wir erinnern nur an das grausame, durch nichts gerecht=
fertigte militärische Vorgehen wider das loyale kurhessische Volk
im Jahr 1850 (hier traf die gewaltsame Bundeshilfe das lange
vor 1848 in Wirksamkeit getretene Grundgesetz von 1831), ferner
an die Bundesbeschlüsse vom 12. und 19. April 1855, wodurch der
hannoverschen Regierung aufgetragen wurde, einzelne von dem König
Ernst August von Hannover auf dem verfassungsmäßigen Wege be=
willigte Abänderungen des Landesverfassungsgesetzes von 1840 ohne
Weiteres wieder auf den Inhalt des letzteren zurückzuführen. Was
früher der Vater verweigert hatte, that nun der blinde Sohn durch
Proklamationen vom 1. August 1855 und 7. September 1856. Nur für
die Beschwerden des Adels in Mecklenburg und Hannover wegen
Aufhebung seiner Standschafts=Privilegien und für die Beschwerden
der Standesherren in Württemberg gegen die Ablösungsgesetze von
1848 und 1849, wozu dieselben selbst gewilligt hatten, zeigte die
Bundesversammlung ein williges Gehör. Ebenso nachgiebig zeigte sie

sich gegenüber der dänischen Regulirung der Thronfolge in den Her=
zogthümern Holstein und Schleswig vom 28. Jan. 1852, welche von
dem Bunde anerkannt wurde (nachträglich auch noch von einzelnen
deutschen Regierungen z. B. der württembergischen), obgleich dieselbe
mit den wohlerworbenen Rechten der herzoglichen Nebenlinien, welche
der Bund 1846 selbst anerkannt und gewahrt hatte, im Wider=
spruche stand.

Durch jene Regulirung wurde der Grund gelegt zu dem däni=
schen Kriege vom Jahr 1864, worin der Bund abermals eine un=
rühmliche Rolle spielte, bis er von beiden Vormächten bei Seite ge=
schoben, dann wieder von Oesterreich gegen Preußen zu Hülfe ge=
rufen wurde, und nun mit Mehrheit der Stimmen beschloß, auf die
Seite Oesterreichs zu treten und die „Bundesarmee" in das Feld
rücken zu lassen. Daß der darauf begonnene Krieg nicht bloß
um das österreichische Mitbesitzrecht in Schleswig=Holstein geführt
wurde, sondern daß es sich, wie bei dem Bregenzer Bündnisse zwischen
Oesterreich, Bayern und Württemberg vom 12. Okt. 1850, welches
die Zerreißung der preußisch=deutschen Union bezweckte, und zunächst
den Einmarsch der Bayern in Kurhessen zur Folge hatte (dasselbe ist
bis jetzt nicht veröffentlicht), wesentlich um die Oberherrschaft in
Teutschland handelte, darüber kann bei dem aufmerksamen Beobachter
und Kenner der Geschichte kein Zweifel obwalten. Der Ausgang des
Kriegs hat gegen Oesterreich und den bisherigen Bund entschieden.

Wenn wir zurückblicken auf die 50jährige Thätigkeit der Bun=
desversammlung, so ist es unmöglich, den einen oder anderen Theil
von einer Mitschuld an der Mißverwaltung des deutschen Bundes
freizusprechen. Die Einladung zu den Ministerkonferenzen in Karls=
bad (1819), wo die berüchtigten Beschlüsse gegen die Universitäten,
gegen die Freiheit der Presse vorbereitet und eine Centralunter=
suchungskommission des Bundes gutgeheißen wurde, ging von Oester=
reich und Preußen aus, und der preußische Minister, Graf Bern=
storff, insbesondere war es, welcher den Präsidialvortrag am Bunde
skizzirte und darin auf eine Auslegung des Art. 13 des Bundesver=
trags antrug, welche der Zusicherung von landständischen Verfassungen

vollends ihren Werth benommen hätte, indessen damals noch ver=
tagt wurde auf spätere Konferenzen. Auch sonst wurden die reak=
tionärsten Anträge am Bunde entweder von beiden Großmächten ge=
meinsam gestellt oder, wenn von Oesterreich ausgehend, von Preußen
unterstützt, dessen König zwar in dem Edikte von 22. Oktober 1815
eine reichsständische repräsentative Verfassung dem gesammten Lande
versprochen hatte, aber durch unwahre Darstellungen der deutschesten
aller Institutionen und des Charakters seines eigenen Volkes, wie
sie von Kampz und anderen Ministern ausgingen, abgehalten wurde,
seine Zusage zu lösen. Erst dem Sohne Friedrich Wilhelm IV.
war es gegeben, 1847 in einem „vereinigten Landtage" den Anfang
einer gemeinsamen Vertretung zu gründen. Auch für Verbesserungen
der deutschen Verfassung hatte General v. Radowitz im Auftrage
des Königs eine Denkschrift d. d. 20. Nov. 1847 ausgearbeitet,
wonach die Entwickelung des Bundes in drei Richtungen erfolgen
sollte: 1) organische Durchführung allgemeiner Inspicirungen des
Bundesheeres, Gemeinschaftlichkeit der Uebungen der Kontingente,
sowie Einführung eines gleichen Reglements, Bundesfeldzeichens und
Bundeswappens. 2) Bundesgericht, gemeinschaftliches Strafrecht und
Strafverfahren, Handelsrecht, Krebitordnung, Wechselrecht, allge=
meines Heimathrecht und volle Freizügigkeit. 3) Ausdehnung des
Zollvereins auf den ganzen Bund, gemeinschaftliche Maaße, Gewichte,
Münzen, allgemeine Postordnung und Eisenbahnordnung, freier Ver=
kehr mit allen Lebensmitteln, Aufhebung aller Wasserzölle, allgemeiner
Schiffahrtsvertrag, Bundeskonsulate, Regulirung der Auswanderung
und Kolonisation. Diesem Allem sollte vorangehen und die Bahn
brechen eine neue Preßgesetzgebung mit Wegfall der Censur, sowie
Veröffentlichung der Bundestagsprotokolle. (Eine preußische Instruk=
tion vom 1. März 1848, welche Herr v. Radowitz nach Wien brachte,
bezog sich auf diesen Plan einer Regeneration des Bundes.)

Bei Oesterreich war jedoch, abgesehen von den Stürmen des
Jahrs 1848, auf keine Geneigtheit, solchen Wünschen entgegenzu=
kommen, zu rechnen. In einem Briefe des badischen Staatsministers
und Bundestagsgesandten v. Blittersdorf an den österreichischen

Bundespräsidialgesandten, Grafen von Münch-Bellinghausen v. 5. Nov. 1847 äußerte sich jener vieljährige Freund und Handlanger dieses Grafen, welcher wieder enger Vertrauter und Instrument des Fürsten von Metternich war, u. A. in folgender bezeichnender Weise: „Erwäge ich den Gang, den das österreichische Kabinet seit 25 Jahren in allen Bundesangelegenheiten consequent eingehalten hat, so ist es mir nicht zweifelhaft, daß dasselbe kein in sich geschlossenes Deutschland mit nationalen Tendenzen und gemeinschaftlicher centraler Action will und wollen kann. Ein solches Deutschland könnte sich nur auf Kosten des Partikularismus der einzelnen Bundesstaaten bilden, und da Oesterreich seinen Partikularismus nicht mit dem Deutschlands verschmelzen und in demselben aufgehen lassen kann, ebensowenig aber auch von Deutschland wird ausscheiden wollen, so ist es selbstverstanden, daß der K. K. Hof der Bildung eines solchen neuen Deutschlands entgegen sein muß. Hierin begegnet sich das Interesse Oesterreichs mit den Interessen der Dynastien der minder mächtigen Bundesstaaten."*) So vor 1848 und wieder nach 1849, wo nunmehr derselbe Blittersdorf (als geheimer Literat in der Frankfurter Oberpostamtszeitung) für die Restauration des Bundes mit Oesterreich lebhaft in die Schranken trat.

Das Ende des Bundestags und des Bundes.

Am 14. Juni 1866 hatte der Bundestag mit 9 Stimmen gegen 6 auf Antrag Oesterreichs schleunige Mobilmachung sämmtlicher, nicht zur preußischen Armee gehörigen Bundesarmeekorps angeordnet.**)

---

*) Einiges aus der Mappe des Freiherrn v. Blittersdorf (von ihm selbst veröffentlicht), Mainz 1849, S. 53—54.

**) Die Mehrheit wurde gebildet durch Oesterreich, Bayern, Sachsen, Hannover, Württemberg, Kurhessen, Großherzogthum Hessen, Nassau und die 16 Kurie (Lichten-

Preußen erklärte sofort den Bundesvertrag für gebrochen und erloschen, lud zum Abschluß eines neuen Bundes auf den Grund der
am 10. Juni mitgetheilten Reformvorschläge ein und verwahrte alle
seine Rechte und Ansprüche auf das Bundes-Eigenthum, indem der Gesandte (v. Savigny) schließlich seine Thätigkeit als beendet erklärte.
Einige kleinere norddeutsche Staaten erklärten gleichfalls ihren Austritt. Doch blieb, auch nach der Annahme der Bundesversammlung, daß
der Austritt ungiltig sei, immer noch eine hinreichende Anzahl von Viril-
und Curiat-Stimmen bei dem Bunde vertreten; darunter mehrere
von denjenigen, welche gegen den Beschluß vom 14. Juni gestimmt
(z. B. Sachsen-Weimar) oder sich der Abstimmung enthalten hatten
(Baden). Mit der vollendeten Besetzung Hannovers, Sachsens und Kurhessens und mit dem siegreichen Vordringen des preußischen Heers in
Böhmen vermehrte sich der Anhang Preußens und damit der Abfall
vom Bunde. Am 3. Juli, dem Siegestag bei Königsgrätz, waren
von 33 Bundesgliedern nur 13 übrig, worunter allerdings die (zum
Theil depossedirten) Fürsten der Mittelstaaten und einige andere
Virilstimmführer im engern Rathe, so daß diese Exekutivbehörde
immer noch mit 9 Stimmen unter 17 Beschlüsse fassen konnte.
Eine Plenar-Versammlung, wo nach den Bundesgesetzen mindestens
Zweidrittheile von 69 (65) Stimmen für einen Beschluß nothwendig
waren, konnte schon um jene Zeit nicht mehr gehalten werden.

Den 11. Juli beschloß die Bundesversammlung, „mit Rücksicht
auf die gegenwärtigen Verhältnisse, um ihre Thätigkeit ungehemmt
und ihren Verkehr mit den bundestreuen Staaten ungestört zu erhalten, ihren Sitz provisorisch nach Augsburg zu verlegen," nachdem kaum noch 180,000 fl. zur Aufwerfung von Schanzen in der
Nähe von Frankfurt der Bundeskasse entnommen und Geschütze von
Ulm herbeigefahren worden waren.

---

stein, Reuß, die beiden Lippe und Walbeck). Die Minderheit aus Preußen, Nieder-
lande, Mecklenburg, Oldenburg, die sächsischen Herzogthümer und die freien Städte.
Die zwei fehlenden Stimmen waren die von Baden, welches sich der Abstimmung
enthielt, und Holstein, dessen Vertreter noch nicht von der Bundesversammlung zu-
gelassen war.

In der That hatte sie die letzte Zeit mit großer Anstrengung ihrem Berufe obgelegen und selbst die Rathschläge der Presse, z. B. der Neuen Frankfurter Zeitung, beachtet, um sich zu halten. Die deutsche Fahne wurde nach langer Verborgenheit wieder hervorgeholt, um das Bundespalais zu schmücken; dreifarbige Armbinden wurden in Eile den Bundestruppen angelegt; aber keine der Täuschungen des Jahrs 1848 wollte mehr verfangen. Am 5. Juli hatte die Bundesversammlung beschlossen, die Milizen, Landwehren, Freikorps und andere Wehrkräfte durch die „in ihrer Selbständigkeit bedrohten" deutschen Bundesstaaten in Fluß bringen zu lassen, überhaupt die Anwendung aller zu Gebot stehenden Mittel, Nachschaffung von Waffen und Kriegsbedürfnissen aller Art, Auftreibung von Geld u. s. w. den Regierungen zur Pflicht zu machen.*) Aber Niemand im Volke rührte sich zum Schutze der verhaßten Bundes-Institution. Selbst die Bürgerwehr in Frankfurt, die Landwehr in Bayern und das zweite Aufgebot in Württemberg, deren Organisation von den bortigen Regierungen befohlen wurde, kam nicht mehr zur Verwendung, um die Bundessache zu schützen. Am 12. Juli, den Tag nach obigem Bundesbeschlusse, zog das achte Bundesarmeekorps, welches bisher vergeblich die Preußen aufgesucht hatte, von Frankfurt ab nach Aschaffenburg, um seine Vereinigung mit dem bayerischen Corps zu bewerkstelligen.**) Die Main-Neckarbahn und damit der Weg über

---

*) Dieser Nothruf, wovon die Frankfurter Oberpostamtszeitung Kunde gab, erinnert an das von Frankfurt nach Stuttgart verlegte Rumpfparlament, welches gleichfalls in letzter Stunde am 16/17. Juni 1849 zur Organisation der gesammten Volkswehr aufforderte.

**) Zu einiger Aufklärung der Bewegungen, bezw. des Stillstandes der sogen. Bundesarmee unter dem Oberkommando des Prinzen Karl von Bayern dient die kürzlich in den bayerischen Ständeverhandlungen abgedruckte österreichisch-bayerische Militärkonvention vom 14. Juni 1866. Hiernach hatte der bayerische Oberbefehlshaber die Operationen der unter ihm stehenden Armeen (des 7. u. 8. deutschen Armeekorps) nach einem gemeinschaftlichen Operationsplan, sowie nach den Direktiven zu leiten, welche ihm von dem österreichischen Oberkommando zukamen. Bei der Feststellung dieses Operationsplans war aber nach Nr. 3 der Konv. in gleicher Weise darauf Rücksicht zu nehmen, daß die Operationen stets im Einklang mit den Landes-

Darmstadt, Stuttgart nach Augsburg, wohin die Bundesversamm=
lung nebst der Militärkommnission des Bundes am 14—15. Juli
übersiedelte, stand jetzt offen, nur daß die kleine Eisenbahnbrücke über
die Weischnitz bei Weinheim auf Befehl des Anführers vom 8. Armee=
korps aus Anlaß eines falschen Gerüchts über·die Annäherung der
Preußen vorzeitig gesprengt worden war. Die preußischen Truppen,
nachdem sie die Bundeshauptstadt besetzt hatten, zogen jedoch vor, den
Bundestruppen aufwärts am Main zu folgen.

Im Grunde war aber über das Schicksal des Bundes bereits auf
anderem Boden entschieden. Der Sieg bei Königsgrätz vom 3. Juli
verschaffte den Preußen, welche im Laufe weniger Wochen zwei
Königreiche (Sachsen, Hannover), ein Kurfürstenthum und verschiedene
andere Gebiete besetzt hatten, den Zugang zur alten Königsstadt
Prag und zur Hauptstadt des mährischen Kronlandes Brünn. Es
schien, daß an den Ufern der Donau vor Wien die letzte Ent=
scheidungsschlacht geschlagen werden sollte, als Kaiser Franz Joseph
sich entschloß, den Frieden zu suchen. Am 26. Juli wurden nach
kurzer Waffenruhe die Friedenspräliminarien im preußischen Haupt=
quartier unterzeichnet. Einstweilen setzte die Bundesversammlung,
unbeirrt dadurch, daß sie allmälig zu einem Rumpfe zusammenge=
schmolzen wir, ihre Thätigkeit zu Augsburg fort. Wie viele Mit=
glieder und wie viele Stimmen noch nach Augsburg gefolgt waren,
vermochte der Verfasser dieses nicht zu ermitteln. Jedenfalls ward durch
den Austritt Badens am 2. August der mangelhafte Bestand des
Bundestags konstatirt. Der substituirte badische Gesandte erklärte
hiebei, daß seine Regierung den deutschen Bund durch den bereits
erfolgten Austritt der weitaus größten Zahl der bisherigen Mit=
glieder, sowie durch den in Folge der Kriegserklärnng thatsächlich
herbeigeführten politischen Zustand Deutschlands als aufgelöst
und erloschen betrachten müsse. Genauer lautete das veröffentlichte

---

interessen der Staaten der vereinigten Armeen bleiben und auf Deckung der eigenen
Gebiete ihrer Kriegsherren ebenso Rücksicht genommen werde, als auf Erreichung der
Hauptzwecke des Kriegs durch möglichste Vereinigung der Militärkräfte.

Anbringen des badischen Ministeriums an den Großherzog vom 1. Aug. dahin: „daß eine Bundesvertretung und der deutsche Bund selbst in Wahrheit nicht mehr existire." Dem Beispiele Badens folgte am 4. August der Gesandte von Braunschweig, welcher seinen Austritt mit den Worten begründete: „daß in Folge der neuesten Ereignisse, insbesondere nachdem Preußen und mit diesem eine Mehrzahl deutscher Regierungen aus dem Bunde ausgetreten sei, es demselben an den nöthigen Voraussetzungen des Fortbestandes mangle." Zwar wurde auch dieser Austrittserklärung, wie der früheren Preußens, ein Protest Namens des Bundes ent= gegengesetzt*), welcher jedoch, abgesehen davon, daß die wenigen noch in dem Hotel zu den drei Mohren in Augsburg zurückgebliebe= nen Gesandten von Bayern, Sachsen, Hannover, Württemberg, Darm= stadt und Nassau keine vollzählige oder beschlußfähige Versammlung bildeten, die Lage der Sache nicht zu ändern vermochte. Die thatsächliche Lage war diese, daß der Protest der Bundesver= sammlung gegen die Austritts=Erklärungen Preußens und der ihm nachfolgenden Staaten nutzlos war, indem der Bundestag nicht die Ausgetretenen in den Schooß des Bundes zurückzuführen vermochte.

Indessen ist der Bundestag wohl zu unterscheiden von dem Staatenbunde selbst, welcher möglicherweise fortbestehen und eine andere Form gewinnen konnte, auch nach Abwerfung des Bundes= tags. Wir haben hiefür einen Vorgang vom Jahr 1850, wo Oester= reich nicht ohne Erfolg sich bemühte, die deutsche Bundesverfassung mit Hülfe der mittelstaatlichen Regierungen wiederherzustellen**), in= dem die Ansicht geltend gemacht wurde, daß durch die Ereignisse des Jahres 1848, namentlich durch Einführung einer provisorischen Centralgewalt in der Person des Reichsverwesers (28. Juni 1848) und durch den Rücktritt der Bundesversammlung (12. Juli deff. J.)

---

*) Nach einer „offiziellen Mittheilung" in der Augsburger allgemeinen Zeitung über die „Bundestagsfitzung" vom 4. Aug. 1866.
**) Münchener Dreikönigsbündniß vom 27. Dez. 1849. Note des österreichi= schen Kabinets vom 13. März 1850.

der deutsche Bund nicht aufgelöst worden sei, sondern nur sein Organ, die Bundesversammlung *). Bald freilich schritt die Reaktion weiter, indem sie nun aufgefunden haben wollte, daß auch die alte Bundesverfassung und mit ihr die Bundesversammlung von selbst wieder aufgelebt seien **). Solche Restaurationsgedanken mögen auch heute wieder in manchem Kopfe spucken; aber eine Aussicht auf Realisirung könnte sich doch nur dann für sie eröffnen, wenn höchst bedeutende Thatsachen der letzten Zeit ungeschehen gemacht würden. Verschieden von dem Stande der Sache im Jahre 1850 ist nämlich der heutige schon insofern, als Preußen, das damals Bedenken trug, in einem Kriege mit Oesterreich und den Mittelstaaten die deutsche Reichsverfassung, oder auch nur die bescheidene Union von Erfurt durchzusetzen, nun wirklich die Lösung der deutschen Frage — sei es mit oder ohne Willen der andern Regierungen — sich zur Aufgabe gesetzt und einen Krieg deßhalb mit Oesterreich und dem deutschen Bunde nicht gescheut hat.

Der deutsche Bund war aber auch mit den preußischen Reform=Plänen unvereinbar, und kaum im Ernste konnte Bismarck hoffen, daß die Mehrheit der Bundesgenossen darauf eingehen werde. Die Austrittserklärung Preußens war daher auch verbunden mit der aus=gesprochenen Nichtanerkennung des ferneren Bestandes des bisherigen Bundes, wenn schon unter Vorbehalt einer nationalen Einigung des außerösterreichischen Deutschlands unter anderen Formen. Ebenso verneinen die erwähnten Erklärungen Badens und Braunschweigs gleichzeitig die Fortdauer des Bundestags und des Bundes selbst.

Zwar ist in dem Bundesvertrag von 1815 Art. 1 der deutsche

---

*) Hievon ging aus die Uebereinkunft zwischen Oesterreich und Preußen über die von ihnen übernommene Interims-Gewalt vom 30. Sept. 1849. Ebenso der württembergische Staatsgerichtshof in den Verhandlungen über die Anklage der Landesversammlung gegen den provisorischen Chef des Departements der auswärt. Angel. v. Wächter-Spittler. (Gedruckt Stuttgart 1850 S. 109 f.)

**) Bestritten wurde Letzteres von H. A. Zachariä, die Rechtswidrigkeit der versuchten Reactivirung der im Jahr 1848 aufgehobenen Bundes-Versammlung Göttingen 1850.

Bund als ein „beständiger" Verein erklärt und die Wiener Konferenzakte von 1820 Art. 5 hat dies, in Uebereinstimmung mit dem
preußischen Bundesprojekt vom 13. Sept. 1814, §. 1. näher dahin
bestimmt, daß keinem Mitglied des Bundes, als eines „unauflös-
lichen Vereins", der Austritt aus dem Bunde gestattet sei. Vom
Standpunkte des positiven Bundesrechts war also Preußen nicht berechtigt, den Bundesvertrag einseitig zu kündigen. Allein außer dem
formellen Recht macht sich auch das materielle Recht und die Politik,
insbesondere die Rücksicht auf den Zweck und die Bedingungen der
staatlichen Existenz, häufig mit unerbittlicher Gewalt geltend*), und
von diesem Standpunkte aus können wir nicht die strenge Auffassung
theilen, daß die Bundesgenossenschaft zwischen souveränen Staaten
unter allen Umständen rechtlich unauflöslich sei; woraus folgen
würde, daß die Mitglieder auch dann noch an die stets als unbe-
friedigend anerkannte Bundes-Einrichtung gekettet wären, wenn es
nicht gelingt, die bundesverfassungsmäßig nothwendige Zustimmung aller Bundesstaaten, auch der kleinsten, zu einer zeitgemäßen
Verbesserung herbeizuführen. Die nächste Pflicht hat jede Regierung
gegen den eigenen Staat und es wäre gegen die Natur der Dinge,
wie gegen den Zweck des staatlichen Zusammenlebens, einem souveränen
Herrscher das Verbleiben in einem Bunde aufzuerlegen, welcher nach
den gemachten vieljährigen Erfahrungen seiner politischen Aufgabe
nicht entspricht, ja einem Bundesstaate selbst dann den Austritt zu
verweigern, wenn das Gebot der Selbsterhaltung denselben nöthigt,
sich von dem lästigen Verbande zu befreien und in eigener Kraft
seine Rettung zu suchen. Ob die Trennung gelingt, wird häufig
eine Machtfrage sein. Wenn aber die Mehrheit der Bundesgenossen sogleich oder nachträglich den Austritt billigt, so kann auch
formell nicht der mindeste Zweifel obwalten, daß derselbe zu Recht

---

*) Leider hat sich die Bundesversammlung viel zu häufig von den Grundsätzen
einer falschen Politik und von einer Mißdeutung der Bundeszwecke leiten lassen
auf Kosten wohlerworbener Landesrechte, namentlich bei Einsetzung des politischen
Ausschusses 1851.

besteht. Schließt sich gar die Mehrheit dem Austritte an, wie in dem vorliegenden Falle, so ist damit der Staatenverband von selbst aufgelöst und jedem Mitgliede die ihm ursprünglich zukommende volle Unabhängigkeit wiedergegeben.

Daß die Auflösung eines Staatenbundes durch einen solennen gemeinschaftlichen Beschluß ausgesprochen werde, ist dem gemeinen Rechte nach nicht nöthig. Schon der offenbare Wille der Bundes=glieder, welcher in ihren Austrittserklärungen liegt, genügt. Auch das deutsche Reich wurde nach seinem nahezu tausendjährigen Bestande nicht durch einen Reichsschluß aufgehoben, sondern es wurde die fak=tische Auflösung des im Grunde schon im Preßburger Frieden von 1805 (durch die erlangte Souverainität einzelner Fürsten) gespreng=ten Reichs nur konstatirt durch die Erklärung einer Anzahl von Reichsfürsten (Bayern, Württemberg, Baden u. s. f.), welche am 12. Juli 1806 zu Paris die Rheinbundes=Akte unterzeichnet hatten und darauf in einer Verbalnote vom 1. August 1806 der Reichs=versammlung zu Regensburg anzeigten, daß sie sich vom Reiche los=sagen. In Uebereinstimmung damit stand eine Note des französischen Geschäftsträgers zu Regensburg, Herrn Vacher, von demselben Tage, des Inhalts, daß der Kaiser der Franzosen die Existenz der deutschen Verfassung nicht mehr anerkenne, wohl aber die vollständige Sou=verainität aller derjenigen Fürsten, aus deren Staaten jetzt Deutsch=land bestehe, und daß er selbst den Titel eines Protektors des Rhein=bundes angenommen habe. Worauf der letsterwählte römische Kaiser deutscher Nation, Franz II. in einer öffentlichen Urkunde vom 6. August 1806 erklärte*), daß er das Band, welches ihn bisher an den Staatskörper des deutschen Reichs gebunden, als gelöst an=sehe, daß er das reichsoberhauptliche Amt und die wegen des Reichs getragene Kaiserkrone und geführte kaiserliche Regierung nieder=

---

*) Diese und die vorerwähnten Urkunden sind gedruckt bei v. Meyr, Corpus Constitutionum Germaniae Abtheilung 1. Staatsverträge S. 68 u. f. Richtig wird in der französischen Note der Zerfall des Reichs auf den Zerfall seiner Macht zurück=geführt und der Rheinbund geradezu als ein Complement nécessaire des Preßburger Friedens hingestellt. Es ist nur vergessen zu sagen, daß zu allen den vorangegange=nen Ereignissen Frankreich selbst das Meiste beigetragen hat.

lege und sämmtliche Fürsten, Reichsgerichte, Diener und Angehörige des Reichs von ihren Pflichten gegen das deutsche Reich und das ge= setzliche Reichsoberhaupt entbinde.

Jeder Zweifel über die Zulässigkeit einer faktischen Auflösung des deutschen Bundes durch die Austritts-Erklärungen Preußens und anderer Bundesglieder ward nun aber gehoben durch Art. II. des Prä= liminarvertrags zwischen Oesterreich und Preußen vom 26. Juli 1866, worin der Kaiser von Oesterreich die Auflösung des Bundes anerkannte und seine Zustimmung gab zu einer neuen Gestal= tung Deutschlands ohne Betheiligung Oesterreichs.

Diese Erklärung Oesterreichs ist nicht nur in dem kürzlich zu Prag abgeschlossenen definitiven Frieden der beiden Großmächte vom 23. August 1866 Art. 4 bestätigt worden, sondern es sind dem Nikolsburger Präliminarvertrag bezüglich des Art. II. auch Bayern Württemberg, Baden und Darmstadt in den von ihnen zu Berlin ab= geschlossenen Separatfriedensverträgen beigetreten.

Am 14. August 1866 beschloß die „Bundesversammlung", rich= tiger der Bundestagsrest, bestehend aus den Vertretern Oesterreichs (der Präsidialgesandte Freiherr v. Kübeck war eigens deßhalb von Wien zurückgekehrt), Bayerns (v. Schrenk), Württembergs (v. Lin= den) und Nassaus (Fürst v. Wittgenstein) nach einigen Verwaltungs= Verfügungen auf Antrag Bayerns: „nachdem in Folge der Kriegs= ereignisse und der Friedensverhandlungen der deutsche Bund als aufgelöst zu betrachten ist, ihre Thätigkeit zu beendigen und hievon die bei ihr beglaubigten Vertreter auswärtiger Regierungen (die meisten waren schon abgereist) zu benachrichtigen." Zugleich wurde laut des Berichts in der Augsb. Allg. Zeitung interimistische Fürsorge für das Bundeseigenthum getroffen, bis in dieser Beziehung die weiteren geeigneten Maßnahmen von den früher im Bunde ver= einigten Regierungen ergriffen sein würden, und endlich wurden diesen die Beamten des Bundes, sowie diejenigen Individuen, welchen vom Bunde Pensionen oder Unterstützungen verwilligt worden, em= pfohlen, unter gleichzeitiger provisorischer Anordnung fernerer Aus= bezahlung aus der Bundeskasse.

Wir haben hierzu Folgendes zu bemerken:

1) Eine offizielle Thätigkeit des Bundestags konnte von dem Augenblicke an nicht mehr stattfinden, wo demselben nicht allein die Voraussetzung seiner Wirksamkeit, eine eigentliche Bundes-Macht oder die Mittel, sich Gehorsam zu verschaffen, sondern auch die Möglichkeit, verbindliche Beschlüsse zu fassen, somit die Legitimation als Bundesbehörde abgingen, also von da an, wo nicht mehr 9 berechtigte Stimmen im engeren Rathe, bzw. ⅔ der Stimmen im Plenum vorhanden waren. Doch wird man es dankbar anerkennen müssen, daß die in Augsburg zurückgebliebenen Gesandten im Interesse der betheiligten Einzelregierungen als deren negotiorum gestores die Geschäfte, so weit sie sich auf die Vermögensverwaltung des Bundes bezogen, nachträgliche Ratihabition vorbehältlich, fortgeführt und das Eigenthum des Bundes in sicheren Gewahrsam gebracht haben.

2) Auch der deutsche Bund selbst hat in Folge des Austritts der Mehrzahl der Bundesglieder und der kriegerischen Ereignisse aufgehört zu bestehen. Dadurch ist aber eine Auseinandersetzung und Theilung zwischen den bisherigen Bundesstaaten, bezw. deren Nachfolger, nöthig geworden. Sache der betheiligten Regierungen wird es sein, durch gemeinsame Kommissionen die Handlungen des Bundestagsrests zu prüfen und, wofern sie materiell gerechtfertigt sind, zu genehmigen, ferner das vorhandene Bundesvermögen und die darauf ruhenden Verbindlichkeiten zu liquidiren, und, wo eine Naturaltheilung nicht zulässig, eine Civiltheilung unter den Bundesgenossen nach Maßgabe der Bundesmatrikel oder, wofern es sich von Gegenständen handelt, welche aus der Bundeskanzleikasse angeschafft oder der Bundesversammlung unentgeltlich dargereicht worden, nach Maßgabe des Stimmenverhältnisses im engeren Rath (1 zu 17) vorzunehmen.*)

---

*) Der Prager Vertrag zwischen Oesterreich und Preußen vom 23. Aug. 1866 Art. VII. bestimmt: „Behufs Auseinandersetzung über das bisherige Bundeseigenthum wird binnen längstens sechs Wochen nach Ratifikation des gegenwärtiger Vertrags (die Ratifikationen wurden ausgewechselt am 30. August) eine Commission zu Frankfurt zusammentreten, bei welcher sämmtliche Forderungen und Ansprüche an

3) Eine besondere Verpflichtung liegt den bisherigen Bundes=
gliedern ob gegen die vom Bunde oder aus Auftrag desselben vom
Präsidium angestellten Beamten und Diener des Bundes, sowie gegen
Diejenigen, welche durch rechtmäßigen Bundesbeschluß einen Anspruch
auf bestimmte Pensionen oder Unterstützungen erworben haben. Ueber
den Umfang und die Dauer der Ansprüche entscheiden die Dienst=
verträge, bezw. die Beschlüsse des Bundes.*)

Die Entwürfe zur Neugestaltung Deutschlands.

Am 9. April 1866 brachte Preußen einen Antrag auf Bundes=
reform bei dem Bundestage ein, dahin gehend, „eine aus direkten
Wahlen und allgemeinem Stimmrecht hervorgehende Versammlung für
einen noch zu bestimmenden Tag einzuberufen, um die Vorlagen der
deutschen Regierungen über eine Reform der Bundesverfassung

den deutschen Bund anzumelden und binnen sechs Monaten zu liquidiren sind.
Preußen und Oesterreich werden sich in dieser Commission vertreten lassen und es
steht allen übrigen bisherigen Bundesregierungen zu, ein Gleiches zu thun.“
Art. VIII. „Oesterreich bleibt berechtigt, aus den Bundesfestungen das kaiserliche
Eigenthum und von dem beweglichen Bundeseigenthum den matrikularmäßigen
Antheil Oesterreichs fortzuführen oder sonst darüber zu verfügen; dasselbe gilt von
dem gesammten beweglichen Vermögen des Bundes.“ — Wir erinnern nur, daß
manche Ausgaben des Bundes, z. B. für Mobiliar, Bücher, aus der Kanzleikasse
bestritten wurden, wozu die 17 Stimmen im engeren Rath, ohne Rücksicht auf die
Bundesmatrikel, kontribuirten. Ueber das Bundesarchiv enthält der Vertrag keine
Bestimmung. Es wäre auch wünschenswerth, daß dasselbe nicht vertheilt, sondern
in Frankfurt aufbewahrt bliebe.

*) Art. IX. des Prager Friedens bestimmt: „Den etatmäßigen Beamten,
Dienern und Pensionisten des Bundes werden die ihnen gebührenden, bezw. bereits
bewilligten Pensionen pro rata der Matrikel zugesichert.“ Die Pensionen und
Unterstützungen der Offiziere der ehemaligen schleswig-holsteinischen Armee übernimmt Preußen.

entgegenzunehmen und zu berathen." Diesem allgemein gehaltenen Vorschlage folgten am 10. Juni formulirte Grundzüge nach, welchen wir folgende Sätze entnehmen. Nach Art. I. soll das Bundesgebiet bestehen aus denjenigen Staaten, welche bisher dem Bunde angehört haben, mit Ausnahme der kaiserlich österreichischen und k. niederländischen Landestheile. Nach Art. II. u. IV. wird die Gesetzgebung und Oberaufsicht des Bundes in dem ihm zugewiesenen Gebiete (hauptsächlich Handels und VerkehrsVerhältnisse; doch ist auch eine gemeinsame Civilprozeß und Konkursordnung genannt) von der Bundesgewalt in Gemeinschaft mit einer periodisch zu berufenden Nationalvertretung ausgeübt. Zur Giltigkeit der Beschlüsse ist die Uebereinstimmung der Mehrheit des Bundestags und der Mehrheit der Volksvertretung erforderlich und ausreichend. Art. III: Die Umgestaltung des Bundestags ist unter den Bundesregierungen und mit dem zu berufenden Parlament zu vereinbaren; bis dahin bleibt das bisherige Stimmenverhältniß am Bundestage in Kraft.

Dieser Vorschlag unterschied sich von dem im Jahr 1848 von der Nationalversammlung betretenen Wege zunächst dadurch, daß nicht von der Nationalvertretung einzig und allein die deutsche Verfassung bestimmt werden sollte. Ebensowenig sollte aber auch, wie nach dem österreichischen Reformprojekte von 1863, eine Fürstenversammlung für sich darüber entgiltig beschließen, sondern es sollte zwischen den Bundesregierungen und dem zu berufenden Parlament die Umgestaltung des Bundestags vereinbart werden. (Werden aber einzelne Bundesregierungen durch ihren Widerspruch das neue Verfassungswerk hindern können, oder sollte nicht auch hier die Mehrheit der Bundesglieder wie andererseits die Mehrheit in dem zu berufenden Parlamente entscheiden?) Mit der konstituirenden Nationalversammlung, welche der deutsche Bundestag 1848 berufen hatte, stimmte zwar das zu berufende Parlament darin überein, daß dasselbe aus allgemeinen und direkten Volkswahlen hervorgehen sollte; doch wurde nicht der Bundesbeschluß vom 7. April 1848 über die Wahlen zur konstituirenden Nationalversammlung sondern das von der Nationalversammlung im

Jahr 1849 beschlossene Wahlgesetz für das zu berufende Volkshaus (hienach soll nicht je auf 50,000, sondern nur je auf 100,000 Seelen 1 Abgeordneter gewählt werden) zur Grundlage genommen. Auch sollten nicht, wie bei der Nationalversammlung, Abgeordnete aus den deutsch-österreichischen Provinzen bei der Neukonstituirung Deutschlands mitwirken, noch wie in der Reichsverfassung von 1849 §. 1 und 87 der spätere Beitritt der deutsch-österreichischen Lande in Aussicht genommen werden, sondern es wurde jetzt schon definitiv Deutschösterreich *) wie die bisherigen niederländischen Landestheile (Limburg, auch Luxemburg?) von dem Bundesgebiet ausgenommen. Andererseits wurden vorerst weder Schleswig, dessen Aufnahme in den Bund 1848 vergeblich angestrebt wurde, noch Ost- und Westpreußen, welches nebst dem deutschen Theile von Posen schon 1848 auf Antrag der preußischen Regierung in den Bund aufgenommen worden war (was aber 1850 wieder rückgängig gemacht wurde) als Bundestheile behandelt.

In welcher Weise das bisherige Bundesorgan umgestaltet werden würde, ob ein Direktorium, gebildet aus den mächtigeren Bundesgliedern, wie seiner Zeit auf dem Wiener Kongresse von preußischer Seite**) und 1863 von Oesterreich vorgeschlagen war, oder eine einheitliche Centralgewalt an die Spitze treten solle, welche Rechte der „Bundesgewalt" zukommen, darüber enthalten die preußischen Grundzüge keine direkten Aufschlüsse. Nur über die militärischen Verhältnisse, womit sich mehr als die Hälfte der Grundzüge beschäftigt, enthalten dieselben einige Vorschläge, welche allerdings auch über die beabsichtigte „Bundesgewalt" einige Winke geben. Zu einer Kriegs-

---

*) Die Beziehungen zu den deutschen Landestheilen des österreichischen Kaiserstaates sollten nach Art. X. nach erfolgter Vereinbarung mit dem Parlamente durch besondere Verträge geregelt werden.

**) Auch der berühmte Freiherr v. Stein hat in dem Entwurf einer deutschen Verfassung ein Direktorium, zusammengesetzt aus Oesterreich, Preußen, Bayern und Hannover, vorgeschlagen, daneben aber einen Bundestag, worin neben den Gesandten der Bundesstaaten Delegirte der landständischen Körperschaften sitzen sollten. Der französisch abgefaßte Entwurf findet sich in den Denkschriften des Ministers v. Stein über deutsche Verfassungen, herausg. von Perz, Berlin 1848 S. 19. f.

erklärung soll künftig, abgesehen von dem Falle einer feindlichen In=
vasion des Bundesgebiets, die Zustimmung der Regierungen von
mindestens zwei Drittheilen (nicht wie bisher der Stimmen im Ple=
num der Bundesversammlung sondern) der Bevölkerung des
Bundesgebiets nothwendig sein. Also nicht eine Mehrheit von Mit=
gliedern soll entscheiden, sondern ein neuer Abstimmungsmodus ein=
treten, gegründet auf das reale Machtverhältniß der Bundesstaaten;
was bei einer so wichtigen Sache, wie der Krieg, wobei die Mittel
und die Lasten gleichfalls nach Verhältniß des Menschenmaterials und
des Staatsvermögens sich richten, nicht als unbillig und absolut ver=
werflich erscheint. Der Zweck hiebei war, daß Preußen nicht, wie
dieß 1859 nahezu geschah, in einen Krieg gegen seine und Deutsch=
lands Interessen hineingeführt werden sollte.

Die Kriegsleitung sollte nach den „Grundzügen" bei der
Nordarmee, d. h. bei den Staaten nördlich vom Maine, Preußen,
bei der Südarmee, d. h. bei den Truppen, welche bisher das 7.
und 8. Armeekorps gebildet haben, Bayern ohne besondere Wahl
der betheiligten Regierungen zukommen. Beide Staaten würden auch,
vorbehältlich späterer Genehmigung durch Bundesbeschluß, eine vor=
läufige Kriegsbereitschaft anzuordnen befugt sein. Der Oberbefehl
über das Landheer wäre also zwischen den Königen von Preußen
und Bayern getheilt, während der Oberbefehl über die Flotten
der Nord= und Ostsee von den Grundzügen Preußen allein zugedacht
war; doch ist eine Theilnahme der Küstenstaaten an der Ernennung
der Offiziere und Beamten der Marine besonderer Vereinbarung mit
denselben vorbehalten. Daß auch die andern deutschen Staaten zu
den Kosten der Marine beitragen müssen, nur mit größerer Be=
lastung der Uferstaaten und Hansestädte, ist nicht mehr als billig.
Die beiden Oberfeldherrn der Landesmacht haben nach dem Entwurfe
innerhalb der von ihnen befehligten Armee für Vollzähligkeit und
Kriegstüchtigkeit der Kontingente Sorge zu tragen; die Kommandos,
unter welchen mehr als ein Kontingent steht, besetzt der Oberfeldherr.

Der Dualismus in der Kriegsleitung, wobei übrigens die Main=
linie noch nicht genannt wird, ist fast allgemein als ein großer Fehler

in dem preußischen Vorschlage empfunden worden. Doch war darin noch nicht der Keim zu einem Südbunde gegeben: denn der Bundesgewalt und dem Bundesparlament sollte Bayern wie die andern Südstaaten unterworfen sein und das Militär-Budget des Südens wie des Nordens sollte, wenn schon getrennt, der Prüfung des Parlaments unterliegen. Die Kontingente aller Bundesstaaten sollten durch Bundesbeschluß bestimmt, dagegen die Organisation und Formation, die Vorschriften über Ausbildung der Mannschaft, Qualifikation der Offiziere von dem Oberfeldherrn hergestellt werden. Die Einheit im deutschen Heere würde sich hiernach nur erstrecken auf die Geldbewilligung des Parlaments für die Land- und Seemacht, nicht aber auf das oberste Kommando, die Rekrutirung, Ausrüstung, Einrichtung und Lokation des Heers in Kriegs- und Friedenszeiten.

Die Kriegs-Ereignisse schienen diesen in der Eile entstandenen Entwurf überholt und Preußen bereits zum Herrn von Deutschland gemacht zu haben, als der französische Vorschlag zweier Konföderationen — eines Nord- und Südbundes — auftauchte und bei Oesterreich geneigte Aufnahme fand. Der daraus hervorgegangene Art. 2 des Präliminar-Vertrags zu Nikolsburg vom 26. Juli 1866, welchem einstweilen auch Bayern, Württemberg Baden und Darmstadt in ihren Verträgen beigetreten sind, und welcher endlich in dem Prager Vertrag zwischen Preußen und Oesterreich v. 23. Aug. 1866 Art. IV. eine definitive Fassung erhalten hat*), anerkennt zwar den Hauptsatz der Grundzüge vom 10. Juni die **Neugestaltung**

---

*) „S. M. der Kaiser von Oesterreich erkennt die Auflösung des bisherigen deutschen Bundes an und gibt Seine Zustimmung zu einer neuen Gestaltung Deutschlands ohne Betheiligung des österreichischen Kaiserstaates. Ebenso verspricht S. M. das engere Bundesverhältniß anzuerkennen, welches S. M. der König von Preußen nördlich von der Linie des Mains begründen wird, und erklärt sich damit einverstanden, daß die südlich von dieser Linie gelegenen deutschen Staaten in einen Verein zusammentreten, dessen nationale Vertretung mit dem norddeutschen Bunde der näheren Verständigung zwischen Beiden vorbehalten bleibt und der eine internationale Existenz haben wird." Die letzten Worte: und der rc. waren in den Nikolsburger Präliminarien nicht enthalten, wohl aber in dem französischen Vergleichsvorschlag. S. meine Schrift über die Ursachen des deutschen Kriege. 3. Ausg. S. 19.

Deutschlands ohne Betheiligung Oesterreichs; aber er ent=
hält zugleich ein trauriges Vermächtniß Oesterreichs und der französi=
schen Vermittlung durch Trennung des südwestlichen Deutschlands von
Nord= und Mitteldeutschland, indem er für die südlich vom Main
liegenden deutschen Staaten einen eigenen Verein mit „internatio=
naler, unabhängiger Existenz" reservirt, dessen nationale Ver=
bindung mit dem norddeutschen Bund der näheren Verständigung
zwischen beiden Konföberationen vorbehalten bleiben soll. Wenn es
auch zur Zeit noch ungewiß, ja unwahrscheinlich ist, daß der süd=
deutsche Bund zwischen Bayern, Württemberg, Baden und Hessen=
Darmstadt (an das Fürstenthum Lichtenstein=Vaduz mit 6000 Ein=
wohnern ward, wie es scheint, bei dem Frieden wie bei dem Kriege
nicht gedacht) jemals zu Stande kommen werde, so sind dagegen be=
reits Anstalten getroffen, um den norddeutschen Bund in's Leben zu
rufen und es ist daher nothwendig, die Folgen des Art. IV. des
Prager Friedens, soweit sie sich bis jetzt übersehen lassen, in's Auge
zu fassen.

Zunächst hat dadurch der preußische Verfassungsplan für den zu
gründenden neuen deutschen Bund vom 10. Juni hinsichtlich der
süddeutschen Staaten eine Veränderung insofern erfahren, als nun=
mehr Bayern, Württemberg, Baden und Hessen=Darmstadt (mit Aus=
nahme Oberhessens) nicht mehr in die Bundesreform eingeschlossen
sind. Damit fällt für diese Staaten das „engere Bundesverhältniß"
hinweg, welches Preußen vorerst nur noch für die Staaten jenseits des
Mains anstrebt, namentlich das gemeinsame Parlament und die Cen=
tralgewalt. Nur eine negative Folge hätte hienach für sie der deutsche
Krieg: der bisherige deutsche Bund erlosch auch für sie, und zwar
bis jetzt ohne allen Ersatz. Doch gelangten sie damit in den Besitz
einer vollen Selbständigkeit und Aktionsfreiheit, wie sie solche vor=
dem, auch zur Zeit des Rheinbundes, nicht besaßen und es wird
von ihnen abhängen, durch welche neue Allianzen sie ihre nach Lage
und Umfang der Territorien sehr ausgesetzte Stellung stärken wollen*).

---

*) Wie das Journal des Debats wissen will, hätten sich dieselben bereits durch

Zu wünschen ist aber im Interesse der südbeutschen Staaten sowie ganz Deutschlands, daß das nationale Band, welches auch der Nikolsburger Friede nicht anzutasten wagte, durch möglichst enge Beziehungen mit dem Norden möge belebt und erhalten werden. Was sobann den norddeutschen Bund oder Bundesstaat, wie ihn die Norddeutsche Allgem. Zeitung richtiger nennt, betrifft, so ist derselbe vorläufig gesichert durch einen Bündnißvertrag, welchem, mit Ausnahme des Königs von Sachsen, bis jetzt alle derzeit noch anerkannten deutschen Souveraine nördlich des Mains beigetreten sind. Der Vertrag bezweckt ein Angriffs- und Vertheidigungs-Bündniß der kontrahirenden Regierungen zur Erhaltung der Unabhängigkeit und Integrität, sowie der innern und äußern Sicherheit ihrer Staaten. Diese Zwecke sind fast wörtlich dieselben, wie die des bisherigen deutschen Bundes. (Bundesakte Art. 2. Wiener Konferenzakte von 1820, Art. 1.) Nur ist an die Stelle der „Erhaltung der inneren und äußeren Sicherheit Deutschlands" gesetzt: der inneren und äußeren Sicherheit der verbündeten „Staaten", weil es sich vorerst nur von einem norbdeutschen, nicht von einem deutschen Bunde handelt, und Graf Bismarck sich selbst sagen mußte: der deutsche Norden, ohne den deutschen Süden, wenigstens ohne den Südwesten, ist noch kein Deutschland.

Einstweilen hat der König von Preußen — Dank sei ihm dafür — die Gefahr einer Schmälerung deutschen Gebiets vom Westen her mit Entschiedenheit abgewehrt und sich dadurch wie als militärischer, so auch als diplomatischer Führer Deutschlands legitimirt. Die Zwecke des Bündnisses sollen demnächst definitiv durch eine Bundesverfassung auf der Basis der preußischen Grundzüge vom 10. Juni 1866 sicher gestellt werden, unter Mitwirkung eines Parlaments (Art. 2). Die verbündeten Regierungen werden gleichzeitig mit Preußen die auf Grundlage des Reichswahlgesetzes vom 12. April 1849 vorzunehmenden Wahlen der Abgeordneten zum Parlament an-

---

geheime Artikel des Friedensvertrags für den Fall eines Kriegs zu einem Bündniß mit Preußen und zur Anerkennung des preußischen Oberbefehls verpflichtet.

— 31 —

orbnen und Letzteres gemeinschaftlich mit Preußen berufen. Zuvor aber werden sie Bevollmächtigte nach Berlin senden, um nach Maß= gabe der „Grundzüge" den Bundesverfassungs=Entwurf festzustellen, welcher dem Parlament zur Berathung und Vereinbarung vorgelegt werden soll. (Art. 5.) Vorläufig bestimmt das Bündniß (Art. 4.) nur, in Uebereinstimmung mit den Grundzügen, daß die Truppen der Verbündeten unter dem Oberbefehl des Königs von Preußen stehen. Die Dauer des Bündnisses ist bis zum Abschluß des neuen Bundesverhältnisses, eventuell auf 1 Jahr festgestellt (Art. 6.). Binnen eines Jahres spätestens hofft man also mit der neuen Bundesver= fassung zu Stande zu kommen, obgleich noch manche Schwierigkeiten zu überwinden sein werden.

Wichtig ist indessen, was die preußischen Regierungs=Kommissäre in der Kommission des Abgeordnetenhauses über den Entwurf eines Wahlgesetzes für den Reichstag des norddeutschen Bundes, laut des am 6. September ausgegebenen Kommissionsberichts, erklärt haben: „Das zu berufende norddeutsche Parlament sei zum Theil Produkt, zum Theil Instrument der von der k. Staatsregierung seit mehreren Jahren und nunmehr erfolgreich angestrebten nationalen Einigung; die zum Reformwerk vereinigten und für die Zukunft eng zu ver= einigenden norddeutschen Regierungen wollten die Bundesverfassung einer von dem Volk zu diesem Zweck gewählten Vertetung zur Be= rathung unterbreiten; die Vorlagen seien noch nicht festgestellt und vor Vereinigung der verbündeten Regierungen über dieselben ließen sich keine genaueren Mittheilungen darüber machen; als Grundlage für die Vorlagen und die festzustellende Bundesverfassung würden die Grundzüge der Bundesreform vom 10. Juni d. J. dienen, vor= behältlich der dadurch nothwendig werdenden Aenderungen, daß die neue Verfassung nicht, wie vor dem Kriege angenommen, alle deutschen Staaten außer Oesterreich, sondern nur die norddeutschen Staaten umfassen würde; über das Verhältniß des Parlaments zu den ver= bündeten Regierungen, falls seine Beschlüsse von den Vorlagen wesent= lich abweichen sollten, und über die Stellung desselben zu den Stän= den oder Volksvertretungen der einzelnen Bundesländer ließen sich noch keine bestimmte oder bindende Erklärungen abgeben, da auch in dieser Richtung noch keine Vereinbarungen zwischen den betreffenden Regierungen getroffen seien." — Noch erklärten die Kommissäre, daß die Versammlung nur zur Konstituirung, zur Begründung der Bundesverfassung, berufen werde, noch nicht die dauernde Volksvertretung der Bundesverfassung vorstellen solle.

Seitdem ist der Verfassungsplan wohl weiter gereift und durch den bevorstehenden Frieden mit dem König von Sachsen wird ohne Zweifel auch dessen Beitritt zum norddeutschen Bunde erfolgen. Ungewiß bleibt jedoch immer noch, wie sich das Verhältniß dieses Bundes im Innern und wie nach außen gestalten und ob überhaupt künftig ein deutsches Staatsrecht wiederstehen wird. Vorläufig können wir in dem norddeutschen Bunde nicht mehr als ein Provisorium sehen, bestimmt, in eine definitive deutsche Einigung überzugehen. Wir werden hierauf in der letzten Erörterung am Schlusse dieser Schrift zurückkommen.

Die unterworfenen Staaten und Fürsten.

Die Zahl der deutschen Staaten ist seit dem Ende des vorigen Jahrhunderts in stetem Abnehmen begriffen. Im Jahr 1792 waren es der weltlichen Landesherrn unter den Titeln: Kurfürsten, Herzoge, Fürsten, Grafen u. s. w. 162, der geistlichen Landesherrn unter den Titeln: Kurfürsten, Erzbischöfe, Bischöfe, Pröbste, Aebte, Stifter und geistliche Orden 86, zusammen 248. Dazu kamen noch 41 unmittelbare Reichsstädte, welche im Städtekollegium einen bescheidenen Antheil an der Reichsgewalt nahmen, ferner 6 freie Reichsdörfer und gegen 1500 reichsritterschaftliche Gebiete, welche zwar nicht zur Reichsstandschaft, d. h. zum Sitz in der Reichsversammlung, berechtigten, aber doch seit dem 16. Jahrhundert eine exemte Stellung

in der unmittelbaren freien Reichsritterschaft einnahmen.*) Wie
wenige von diesen alten Größen sind übrig geblieben und haben wir
es zu bedauern, daß unsre Staatsverhältnisse, wenn auch mit frem=
der Hülfe, durch das Verschwinden der meisten derselben einfacher
geworden sind?

Nachdem durch den Lüneviller Frieden von 1801 das
linke Rheinufer an Frankreich abgetreten und der Thalweg des Rheins
zur Grenze erklärt worden war, mußten die dadurch betroffenen
erblichen Landesherrn entschädigt werden. Es geschah dies durch
den Reichsdeputationsschluß von 1803, hauptsächlich mittelst geistlicher
Herrschaften diesseits des Rheins, welche sekularisirt, und mittelst
vormaliger Reichsstädte, welche mediatisirt wurden. Weitere Ver=
änderungen wurden bewirkt durch den Preßburger Frieden v. 1805.
Die Stiftungsurkunde des Rheinbundes vom 12. Juli 1806
zählt 39 Bundesfürsten auf, unterwarf aber zugleich diesen „souverain"
gewordenen Fürsten wieder eine große Anzahl geistlicher und welt=
licher Landesherren; wovon die letzteren (Mediatisirte, später Stan=
desherren genannt) jedoch vorerst noch eine begrenzte gerichtsherrliche
und polizeiliche Gewalt in ihren bisherigen Gebieten behielten. Da=
neben gestattete die Rheinbundsacte, wie theilweise schon ein am
19. Dez. 1805 erlassener Tagesbefehl aus dem französischen Haupt=
quartier **), den verbündeten Königen und Fürsten, die innerhalb
ihrer Landesgrenzen oder zwischen denselben gelegenen reichsritter=
schaftlichen Territorien ihren Staatsgebieten einzuverleiben und gleich=
falls Souverainitätsrechte über dieselben auszuüben. — Als der
Rheinbund sich weiter nach Norden ausgebreitet, dagegen Napoleon
mehreren Fürsten wieder ihre Souverainität entzogen hatte, umfaßte
jener in den Jahren 1806—13 nur noch 34 Staaten, worunter die
Königreiche Bayern, Württemberg, Sachsen, Westphalen; 5 Groß=
herzogthümer: Frankfurt, Baden, Hessen=Darmstadt, Berg, Würz=

---

*) Einen näheren Einblick in den alten Reichsbestand gibt v. Lancizolle, Ueber=
sicht der deutschen Reichsstandschafts= und Territorial=Verhältnisse. Berlin 1830.
**) Häberlin, Staatsarchiv, Bd. XV. S. 108.

burg; 11 Herzogthümer und 14 Fürstenthümer. Außerhalb des Rheinbundes blieben Oesterreich, Preußen, Dänemark wegen Holstein, Schweden wegen Schwedisch=Pommern. Die geistlichen Fürstenthümer und gefürsteten Abteien, Orden u. s. w. waren ganz verschwunden, ebenso die reichsstädtischen Regierungen, nachdem die 3 Hanseflädte Hamburg, Lübeck und Bremen gleich Lauenburg, Oldenburg und anderen Gebieten des Nordens und Westens Frankreich einverleibt worden waren.

Die deutsche Bundesakte von 1815 führt 38 Bundesglieder auf, worunter 34 souveraine Fürsten und 4 freie Städte. Es sind aber die damals noch regierenden Linien Nassau=Usingen und Nassau= Weilburg nur als 1 Mitglied gezählt. Ebenso die drei souverainen Fürsten Reuß jüngerer Linie: Schleiz, Lobenstein und Ebersdorf, wovon der zweite Zweig später (1824) erloschen, der letzte Stamm= halter vom dritten aber zu Gunsten des ersten 1848 entsagte. Der Landgraf von Hessen=Homburg, obgleich auf dem Wiener Kongresse restituirt, ist in der Bundesurkunde ganz übergangen und erst 1817 nachträglich in den Bund aufgenommen worden, während die Regelung seines Stimmverhältnisses sich noch bis 1838 hinzog. Deutschland besaß also bei Errichtung des deutschen Bundes noch 38 souveraine Fürsten, nicht gerechnet die vormals reichsunmittelbare Herrschaft Knipphausen, welche durch ein späteres Abkommen in ein ähnliches Verhältniß zu dem Großherzogthum Oldenburg gesetzt wurde, worin sie sich vormals befand zu Kaiser und Reich. Als eine Reminiscenz aus der Reichszeit waren in den Bund auch noch aufgenommen worden die ihrer Unabhängigkeit zurückgegebenen Städte Lübeck, Bremen und Hamburg, sowie die vormalige Wahlstadt Frankfurt, welche jetzt dieselbe Souverainetät wie andere Bundesmitglieder genossen. Nur Frankfurt als Bundessitz unterlag einigen eigenthümlichen Beschrän= kungen. — Durch das Aussterben mehrerer regierenden Linien im Hause Nassau, Sachsen=Gotha, Anhalt, Reuß jüngeren Stammes, endlich durch Abtretung der beiden Fürstenthümer Hohenzollern= Hechingen und Sigmaringen an Preußen (in einem Vertrage von 1849)

verminderte sich die Zahl der regierenden Fürsten in Deutschland auf
30, neben den 4 sogenannten freien Städten.

Eine weitere, sehr erhebliche Veränderung in der Territorial=
eintheilung Deutschlands ward nun aber soeben bewirkt durch die
preußischen Annexionen. Während die Volksbewegung von 1848
vor den Thronen stehen blieb und in der Reichsverfassung von 1849
wohl ein schön gearbeitetes theoretisches Werk stiftete, das aber ohne
eine mächtige Exekutivgewalt nicht zu vollziehen war, ist das Absehen
der jetzigen preußischen Regierung zunächst auf die Stärkung ihrer
eigenen Territorialmacht gerichtet. Daher schon vor dem Ausbruche
des Krieges der erhobene Anspruch, als Preis des Sieges über die
Dänen eine feste militärische und maritime Stellung in den Elbher=
zogthümern zu gewinnen. Daher ferner das Streben im Laufe des
Kriegs, sich der Gebiete mehrerer ihm gegenüberstehenden Regierungen
innerhalb der Mainlinie bleibend zu bemächtigen, um — wie der
preußische Ministerpräsident sich in der ständischen Kommission wegen
des Annexionsgesetzes ausdrückte — dem Rechte und der Pflicht
Preußens gemäß „der deutschen Nation die für ihre Existenz nöthige
Basis zu geben." — Wir hätten gewünscht, daß Preußen seines
deutschen Berufs stets eingedenk gewesen wäre; alsdann hätte sich
wohl auch ohne gewaltsame Eroberungen und leichter als durch diesen
blutigen Krieg eine Basis für die Existenz Deutschlands gewinnen
lassen, wenn man sich auch zuletzt sagen mußte: auf freundschaft=
lichem Wege allein war das uneinige Deutschland nicht zu vereinigen;
die Volksstämme boten ebensowohl als die Fürsten ein Hinderniß der
Einigung dar. Indessen wir wollen den Ernst der Worte des, jeden=
falls um die preußische Krone sehr verdienten, Grafen Bismarck nicht
anzweifeln. Er hat damit wenigstens eine sittliche Rechtfertigung
versucht, während die Mediatisirungen aus der Napoleonischen Zeit
einfach auf Gewaltsprüchen Frankreichs beruhten und nichts Anderes
bezweckten, als das Bündniß der Mehrzahl deutscher Fürsten mit
dem Auslande zu befestigen. Die Südstaaten Bayern, Württemberg,
Baden und Darmstadt wurden damals im Laufe weniger Jahre auf
Kosten Oesterreichs und dritter, nicht im Kriege befindlicher Staaten

bis auf das Doppelte und noch mehr vergrößert. Durch den Preß=
burger Frieden von 1805 allein gewann Bayern dafür, daß es
30,000 Mann zu dem französischen Heere gestellt hatte, neben der
Souverainität und königlichen Würde 500 Geviertmeilen mit 1 Mil=
lion Einwohner. Die badischen Erwerbungen durch die Gunst Frank=
reichs belaufen sich auf 210 Q.=M. mit 750,000 E. Bei den Schäden
durch diese vollendeten Thatsachen hat das spätere verfassungsmäßige
Zusammenleben der alten und neuen Lande das Meiste zur Heilung
beigetragen und auch die jetzt noch bestehenden Gegensätze unter den
deutschen Volksstämmen würden sich leichter ausgleichen, wenn über
den dynastischen und Territorial = Interessen die o b e r s t e deutsche
Einheit gebildet wäre.

Die preußischen Einverleibungen umfassen: 1) das Herzogthum
H o l s t e i n, 155 Q.=M. mit 553,210 E. 2) das bisher nicht zum
deutschen Bunde gehörige Herzogthum S c h l e s w i g, 165 Q.=M.
mit 405,369 E. 3) das Herzogthum L a u e n b u r g, 19 Q.=M. mit
49,704 E. 4) das Königreich H a n n o v e r, 698 Q.=M. mit
1,923,492 E. 5) das Kurfürstenthum H e s s e n k a s s e l, 173 Q.=M.
mit 745,063 E. 6) das Herzogthum N a s s a u, 85½ Q.=M. mit
462,334 E. 7) die freie Stadt F r a n k f u r t a.M. nebst Zugehör,
nicht ganz 2 Q.=M. mit 73,390 E. — Der ganze Zuwachs des
preußischen Staats durch diese Ländergebiete (das bis jetzt nur per=
sönlich unirte Lauenburg außer Rechnung gelassen) und durch die
kleineren Grenzerweiterungen gegenüber von Bayern und Hessendarm=
stadt, welche auf den Friedensverträgen mit diesen Staaten beruhen,
beträgt etwa 1300 Q.=M. mit einer Volkszahl von 4,300,000 Seelen.
Preußen ist dadurch zu einem Umfange von etwa 6400 Q.=M. mit
23½ Millionen E. angewachsen. Der Hauptgewinn für Preußen
liegt aber in der herbeigeführten Kohärenz seines Staatsgebiets,
welches bisher durch zwei selbständige Staaten unterbrochen war, wo=
von der eine, H a n n o v e r, zwischen preußischen Festungen lag, aber
doch meist eine den preußischen Interessen entgegengesetzte Politik
verfolgte, während der andere, H e s s e n k a s s e l, zwar von einem dem
preußischen Regentenhause nahe verwandten Fürsten regiert wurde,

der aber durch seinen Abfall von der preußisch-deutschen Union und den Beitritt zu der österreichischen Koalition im Jahr 1850 das Schicksal jener Union und zugleich den Verderb seines eigenen Landes entschied. Der Herzog von Nassau hatte zwar im Jahr 1865 der preußischen Polizei militärischen Succurs geleistet bei der Vertreibung von preußischen Gästen, welche das in Köln verbotene Abgeordneten=fest in einen Garten zu Oberlahnstein verlegen wollten; als aber der Krieg zwischen Preußen und Oesterreich sich entzündete, warf sich der Herzog im Widerspruch mit den wiederholten Erklärungen der Stände in die Rüstung gegen das preußische Heer, und die Folge war, daß Preußen das benachbarte Land besetzte und nicht wieder zurückgab. Auch hier, wie in Hannover und Kassel, rächte sich der langjährige Unfrieden zwischen der Regierung und dem Lande, auf dessen Wünsche und Rechte wenig Rücksicht genommen wurde, indem jetzt die Re=gierungsveränderung keinen Widerstand fand und selbst von manchen Seiten erbeten wurde. — Das neue, nicht immer zuverläßige Mittel einer unmittelbaren Volksabstimmung in den angefügten Landen ward von der preußischen Regierung nicht angewendet. Nur in den nörd=lichen Gegenden Schleswigs soll, um einem Wunsche Frankreichs ent=gegenzukommen, der Streit zwischen dänischer und deutscher Natio=nalität auf jenem Wege geschlichtet werden.

Dagegen stützt sich Preußen auf das Recht der Eroberung (occupatio bellica), und zwar, was die eine Hälfte von Holstein, Schleswig und Lauenburg betrifft, auf die Eroberung im Kriege mit Dänemark und den darauf gefolgten Wiener Friedensschluß vom 30. Oktober 1864, in Betreff der anderen Hälfte von Lauenburg auf den nachgefolgten Gasteiner Vertrag, wodurch Oesterreich seinen Antheil an diesem Lande kaufweise der Krone Preußens überließ, und in Betreff der andern Hälfte von Schleswig und Holstein auf die Nikolsburger Friedenspräliminarien und den jetzigen Prager Frie=ben, Art. 5. wodurch S. M. der Kaiser von Oesterreich an S. M. den König von Preußen alle seine im Wiener Frieden vom 30. Okt. 1864 erworbenen Rechte auf die Herzogthümer Schleswig und·Hol=stein, mit der oben erwähnten Reservation hinsichtlich der nordschles=

wig'ſchen Diſtrikte, übertrug. Hinſichtlich Hannovers, Heſſenkaſſels, Naſſaus und der Stadt Frankfurt iſt es wieder der Titel der Erobe= rung, welchen Preußen für ſich geltend macht, weil in Folge des Kriegs mit dem deutſchen Bunde und Oeſterreich, und insbeſondere mit den Regierungen genannter Staaten die Territorien der letztern in Beſitz genommen worden ſeien und ſolche nicht zurückgegeben wer= den könnten, ohne die Sicherheit Preußens und die Regeneration Deutſchlands zu gefährden.

Auf eine Prüfung dieſer Gründe, ſowie auf die politiſchen Rück= ſichten, welche Preußen beſtimmt haben, in den Krieg zu gehen,*) können wir uns hier nicht einlaſſen. Wir müſſen uns an die That= ſache halten, daß der Krieg, wenn auch nicht durch einen Friedens= ſchluß des Bundes, welcher aufgehört hat zu exiſtiren, ſo doch durch Friedensverträge der jetzt noch exiſtirenden deutſchen Staaten (mit Ausnahme des Königs von Sachſen) beendigt iſt. Der Prager Frie= den vom 13. Auguſt 1866 macht aber nicht blos dem Streite in Betreff des Mitbeſitzes von Schleswig=Holſtein ein Ende, ſondern der Kaiſer von Oeſterreich verſpricht darin auch noch Art. 6.

„die von S. M. dem König von Preußen in Norddeutſchland
herzuſtellenden neuen Einrichtungen, einſchließlich der Territorial=
Veränderungen, anzuerkennen.“

Eine Ausnahme iſt nur gemacht hinſichtlich des Königs von Sachſen, indem S. M. der König von Preußen ſich bereit erklärte, „bei den bevorſtehenden Veränderungen in Deutſchland den gegenwär= tigen Beſtand des Königreichs Sachſen in ſeinem bisherigen Umfange beſtehen zu laſſen“ und nur ſich vorbehielt, den Beitrag Sachſens zu den Kriegskoſten und die künftige Stellung deſſelben innerhalb des norddeut= ſchen Bundes durch einen beſondern Friedensvertrag näher zu regeln. Ob etwa eine und andere Territorialveränderungen, außer der in Hol= ſtein und Schleswig, zwiſchen den beiden Großſtaaten bei den Friedens=

---

*) Der Verfaſſer hat ſich darüber in der früheren Schrift über „die Urſachen des deutſchen Kriegs“ ausgeſprochen.

Unterhandlungen speziell besprochen worden, ist nicht bekannt. Aber so viel geht aus den Worten des Art. 6. des Prager Friedens hervor, daß Preußen nicht etwa auf die Annexion der Elbherzogthümer beschränkt, sondern daß ihm für weitere Annexionen in Norddeutschland (das königliche Sachsen ausgenommen) carte blanche gegeben werden wollte und daß solche Erwerbungen von Oesterreich voraus anerkannt worden. In besonderen Friedensverträgen haben sobann die Könige von Bayern und Württemberg und die Großherzoge von Baden und Darmstadt die Bestimmungen des Nikolsburger Vorfriedens vom 26. Juli, woraus die oben ausgehobenen Worte in den Prager Frieden übergegangen sind, gleichfalls anerkannt. (S. besonders den bayerischen Vertrag vom 22. August 1866, Art. 5.) Seitens der Regierungen südlich des Mains wird also Preußen so wenig als von seinen Verbündeten nordwärts Einwendungen gegen die bekannten Einverleibungen zu erwarten haben. Ob auch die zunächst Betheiligten: der König von Hannover, der Kurfürst von Hessen, der Herzog von Nassau, der Prinz von Schleswig-Holstein Augustenburg und ihre Familien, ob die Stadt Frankfurt sich bei dem Verluste der Regierungsrechte beruhigen werden, ist eine andere Frage, welche die Zukunft lösen wird. Völkerrechtlich ist eine Anerkennung der entthronten Dynastie zum Bestande der neuen Regierung nicht nothwendig, ein förmlicher Friedensschluß mit einem Fürsten, nachdem er aufgehört hat, einen Staat zu repräsentiren, nicht einmal möglich.

Was das künftige staatsrechtliche Verhältniß der neuen Lande zu Preußen betrifft, so bestimmt hierüber das preußische Gesetz vom 20. Sept. 1866 folgendes: §. 1. „Das Königreich Hannover, das Kurfürstenthum Hessen, das Herzogthum Nassau und die freie Stadt Frankfurt werden in Gemäßheit des Art. 2 der Verfassungs-Urkunde für den preußischen Staat mit der preußischen Monarchie für immer vereinigt." §. 2. „Die preußische Verfassung tritt in diesen Landestheilen am 1. Okt. 1867 in Kraft. Die zu diesem Behufe nothwendigen Abänderungs-, Zusatz- und Ausführungs-Bestimmungen werden durch besondere Gesetze festgestellt." Ein gleiches Gesetz wurde in Betreff der Herzogthümer Holstein und Schleswig nach Abschluß des Prager Friedens bei dem preußischen Landtage eingebracht. Nur wenige Bemerkungen seien uns gestattet. Der Ansicht, welche in den Kommissionen des Abgeordnetenhauses und in diesem selbst von Mitgliedern und auch von dem Ministerium geäußert wurde: daß die Verfassungen der eroberten Länder und die dadurch be= gründeten staatlichen Einrichtungen mit der Dynastie von selbst er= loschen seien, vermögen wir nicht beizutreten. Durch die Eroberung eines Landes wird zunächst nur der bisherige Herrscher beseitigt; aber das Land und der Staat selbst und die positive Ordnung desselben hören darum nicht auf zu sein. Nicht blos das praktische Bedürfniß führt darauf, die Landes=Verfassung, die gerichtlichen polizeilichen und administrativen Behörden und Anstalten nebst den bisher üblichen Gesetzen und Verordnungen einstweilen aufrecht zu erhalten, weil sonst die gesellschaftlichen Bande sich lösen würden, sondern das Land hat auch einen Anspruch auf seine Institutionen in so lange, bis ihm Ersatz dafür gegeben ist. Denn diese Einrichtungen sind nicht blos einer bestimmten Regentenpersönlichkeit zu lieb vorhanden, sondern um der öffentlichen Ordnung willen, welche nur repräsentirt ist in der Landesobrigkeit. Selbst im mittelalterlichen Lehensstaat, wo der Landesherr durch die Verpflichtung persönlicher Treue mit dem Kaiser und Reich und wieder die Inhaber von Territoriallehen mit dem Landesherrn verbunden waren, wurden die Landesrechte als fort= dauernd, als unabhängig von der Person des Landesherrn betrachtet, und selbst im Falle der Entsetzung des Landesherrn z. B. wegen Felonie, blieben die Rechte der Stände, soweit diese nicht Antheil hatten an der Verschuldung, bestehen. Die Bestätigung durch den neuen Herrn war nur eine schützende Form, wie die von Seite der Landes= und Lehens=Erben. Noch mehr muß man nach heutigem Staatsrecht, welches den Grund des Staats in diesem selbst aufsucht und alle öffentlichen Rechte, die der Staatsgewalt wie die der Unter= thanen, auf das Staatsgemeinwesen zurückführt, den Staat als fort= dauernd betrachten, welcher Wechsel auch in dem Subjekte der Staatsgewalt eintrete. (Principes mortales, respublica aeterna!)

Nur ein Wechsel in der Person findet auch statt bei der Personal=Union d. h. wenn ein Staat denselben Herrscher er= hält, wie der andere, ohne aufzugehen in dem letztern. Hier dauern die Landesrechte und Staatsgesetze von selbst fort, bis sie nach Maß= gabe der Landesverfassung geändert sind. Dieß war bisher der Fall in Lauenburg, das sowohl unter der preußischen Krone, wie früher unter der dänischen seine altständische Verfassung beibehielt. Anders bei der Realunion d. h. bei der Aufnahme des erworbenen Landes= gebiets in denselben Staatsverband, unter dieselbe Verfassung und Gesetzgebung. Von der Thatsache ausgehend, daß der Krieg von dem Staat gegen den Staat geführt werde, ist das eroberte Land auch als für den Staat erworben zu betrachten, ob es nun blos durch Personalunion mit dem Oberhaupte als solchem (sinnbildlich mit der Krone), oder durch Realunion auch mit dem Volke in Verbindung gebracht ist. Im letztern Falle geht der unirte Staat auf in dem unirenden, soweit nicht einzelne Einrichtungen und Gesetze ausge= nommen sind, wie dieß der Fall war bei dem Erwerb der preußischen Rheinprovinz, welcher die französischen Justizeinrichtungen und Ge= setze gelassen wurden. Dem erobernden Staate d. h. den Faktoren seiner Gesetzgebung kommt es zu, die eine oder andere Weise der Vereinigung zu bestimmen. Zunächst aber bis zu wirklicher Ver= einigung ist das eroberte Land, wofern dieses als Ganzes in Besitz genommen ist, nur als durch Personal=Union verbunden zu betrachten. Hiermit stimmt auch überein der Inhalt des entworfenen preußischen Annexionsgesetzes, indem es den eroberten Ländern vorerst nicht die preußische Verfassung und Gesetzgebung aufdrängt, sondern dieselben noch unter den bisherigen Gesetzen und Einrichtungen beläßt. Da= gegen wäre es nicht zu billigen, wenn die Stände der eroberten Landes=Gebiete einstweilen, bis zu dem Eintritte der preußischen Ver= fassung, gar nicht mehr als existirend betrachtet oder wenn ihnen Rechte abgesprochen würden, welche den Ständen als solchen zukommen z. B. die Zustimmung zu dem Wahlgesetz des norddeutschen Bundes. Die preußische Volksvertretung, in welche die neuen Lande noch nicht aufgenommen sind, kann die Stelle der hannoverschen, kurhessischen, nassauischen und schleswig-holsteinischen Stände hierin nicht vertreten. Ebensowenig wäre es zu billigen, wenn in Betreff der vorzubehaltenden partikulären Institutionen und Gesetze jenen Ständen, welche die besondere Bedürfnisse ihrer Lande am besten zu erwägen im Stande sein dürften, keine Stimme, nicht einmal ein formeller Beirath eingeräumt würde.

Auch die bepossedirten **Fürsten** und ihre **Familien**, welche das entworfene Annexionsgesetz übergeht (vermuthlich weil besondere Vereinbarungen mit denselben bevorstehen) können nicht als aller ihrer Rechte verlustig behandelt werden, sondern nur derjenigen, welche mit der Landes-Regierung zusammenhängen. Der Krieg wurde nur geführt gegen das Staatsoberhaupt als solches, nicht gegen dasselbe als Privatmann und Familienhaupt. Es ist daher jenen Fürsten ihr **Privatvermögen** (Schatullgut), herrührend von Ersparnissen der Civilliste oder von Privaterbschaften, unangetastet zu belassen. Ebenso das **Privatfideikommiß-Gut** der fürstlichen Familie, wobei nur die besonderen Beschränkungen durch ständischen Konsens bei Veräußerungen künftig wegfallen werden. In Betreff des früheren **Kammerguts** oder Domänen-Vermögens, welches zuweilen gleichfalls Fideikommiß genannt worden, um die Unveräußerlichkeit desselben auszudrücken, ist die historische Bestimmung der Einkünfte aus jenem Vermögen zum fürstlichen Unterhalt und zu den Regierungsausgaben, sowie der Ursprung und die rechtliche Verbindung des Domaniums mit dem Regierungsrechte zu berücksichtigen und es kann hienach demselben gemeinrechtlich nicht die Eigenschaft eines Privat-Vermögens sondern nur die eines Staatsguts beigelegt werden; wobei jedoch in Betracht kommt, daß darauf auch das standesmäßige Auskommen des Landesherrn und der regierenden Familie, wofern hierzu nicht ein besonderes Vermögen ausgeschieden worden, angewiesen ist. Der Art. 27 der Rheinbundsakte von 1806, wonach den damals mediatisirten Fürsten und Grafen die Rechte der niederen und hohen Gerichtsbarkeit in Civil- und Kriminalsachen, die Forstgerichtsbarkeit u. s. w. und mit diesen öffentlichen Rechten auch alle Domänen ohne Ausnahme als **Patrimonial-** und **Privat-Eigen-**

thum überlassen wurden, kann so wenig als der Vertrag der Krone
Preußen mit den Fürsten von Hohenzollern über die Abtretung ihrer
Lande vom 7. Dez. 1849, worin diesen fürstlichen Stammvettern
gleichfalls ihre Domänen und überdieß Entschädigungsrenten für die
Regalien eingeräumt wurden, als maßgebend für andere Fälle be-
trachtet werden, zumal für Fälle, wo durch Eroberung die Lande
erworben worden. Dagegen sind zunächst zu beachten die Verfassungs-
bestimmungen und andere Partikulargesetze, welche in Betreff der
Domanial-Verhältnisse in den annektirten Landen erlassen worden; nur
ist in Betreff der Eigenthumsfrage darauf zu sehen, ob mit der
Lösung derselben eine definitive Trennung des Staats- und Privat-
Vermögens, oder nur eine Trennung des fürstlichen und Landes-
Haushalts beabsichtigt worden. Im letztern Fall würde das der
Krone zur Nutznießung überlassene Vermögen nicht als Privatgut,
sondern als Objekt der landesherrlichen Civilliste zu betrachten sein.
Näher sind die Domanialverhältnisse, insbesondere von Hannover,
Kurhessen, Nassau, Holstein und Lauenburg von dem Verfasser dieses
beleuchtet in der Schrift: Die Rechte des Staats an den Domänen,
nach gemeinem Recht und den Landesgesetzen, Leipzig 1863, §§. 22.
24. 25. 26*). In Betreff der schleswigischen und holsteinischen Domänen könnte es auffallen, daß dieselben in dem Wiener Frieden
mit Dänemark nicht ausdrücklich mit den Herzogthümern an Oesterreich und Preußen überlassen, daß sie überhaupt dort gar nicht er-
wähnt sind. Dennoch leidet es keinen Zweifel — und es dient dies
eben wieder zur Bestätigung der Verbindung der Domänen mit der
Staatsgewalt — daß die Domänen beider Herzogthümer, sowie die
von Lauenburg an die beiden Großmächte stillschweigend wie andere
Pertinenzien übergangen sind. Jeder Einwand in dieser Beziehung ist

---

*) Die in dieser Schrift vertheidigte staatliche Natur der Domänen wird noch
weiter gerechtfertigt in der polemischen Schrift: Der Rechtsstreit über das Eigenthum
an den Domänen des Herzogthums Sachsen-Meiningen, Leipzig 1865 (von demselben Verfasser) und in einem Aufsatze in der Augsb. Allg. Zeitung von 1866,
Beil. Nr. 37.

nun aber beseitigt durch ein Protokoll vom 1. April 1865 (bekannt gemacht durch die schleswig-holsteinische Landesregierung am 31. Aug. desselb. J.) worin die Bevollmächtigten von Oesterreich, Preußen und Dänemark zur Erläuterung des Friedens vom 30. Okt. 1864 festsetzten: Art. 1. „Die vormaligen Besitzungen des Herzogs von Augustenburg, welche nicht vor dem 16. Nov. 1864 wieder verkauft worden sind, — gehören den Herzogthümern ebensowohl, wie die in den Herzogthümern belegenen Staatsdomänen." Also die von dem Herzog von Augustenburg an die Krone veräußerten Güter (soweit nicht einzelne Theile seither wieder von der dänischen Regierung verkauft worden) gehören ebenso, wie die eigentlichen Domänen den Herzogthümern und sind Staatsdomänen. Auch die verhältnißmäßig sehr bedeutenden lauenburgischen Domänen sind nicht etwa im Besitze des dänischen Königs zurückgeblieben, sondern dem Herzogthum gefolgt. Mit der Union der drei Elbherzogthümer und der andern annektirten Gebiete wird Preußen auch die dortigen Domänen erlangen und zwar in der Eigenschaft von Staatsdomänen, welche bei den preußischen Domänen längst anerkannt ist. Eine Veräußerung von Domänen bedarf in den neuen Landen, so lange diese nicht vollständig mit Preußen vereinigt sind, der Zustimmung dortiger Stände.

Was wird aus dem Zollverein werden?

Zu den Folgen des Bundeskriegs gehört auch die ungewisse Zukunft des deutschen Zollvereins, der größten und ehrlichsten Errungenschaft Deutschlands in vielen Jahren. Derselbe umfaßt zwar nicht ganz Deutschland, aber doch ein Ländergebiet von 9065 Quadratmeilen mit einer Bevölkerung von nahezu 35 Millionen.

Wir wissen, daß die kommerzielle Einheit, welche durch die allmälig zu einem solchen Umfang angewachsene Verbindung der Mehr-

zahl deutscher Staaten zu einem gemeinsamen Zoll= und Handelssystem
und zu einer Gemeinschaft der Zolleinkünfte (später auch der Steuer
aus inländischem Zucker) gegründet wurde, keine Schöpfung des bis=
herigen deutschen Bundes ist. Obgleich im Art. 19 der deutschen
Bundesakte von 1815 zugesichert war, daß bei der e r st e n Zusam=
menkunft der Bundesversammlung die Bundesglieder wegen des Han=
bels und Verkehrs zwischen den Bundesstaaten, sowie wegen der
Schifffahrt in Berathung treten werden, so ist es doch nicht daza ge=
kommen, und wäre dieß auch der Fall gewesen, so hätte die Be=
rathung wohl zu keinem Ziele geführt, da nach der löblichen Ein=
richtung des Bundes zu gemeinnützigen (nicht blos auf die
Sicherheit der Staaten berechneten) Anordnungen die Zustimmung
sämmtlicher souverainer Fürsten und freien Städte (zusammen ur=
sprünglich 38 Mitglieder) nothwendig war. Daß zur Vertretung
deutscher Handels=Interessen im Auslande und zur Abschließung
deutscher Handels= und Schifffahrts=Verträge gemeinsame Gesandte,
minbestens Konsuln am Platze wären, daran wurde bei Errichtung
des Bundes gar nicht gedacht und nur einmal hat überhaupt die
Bundesversammlung von ihrem aktiven Gesandtschaftsrechte Gebrauch
gemacht: dies war bei der Sendung des k. sächsischen Ministers
v. Beust zu den Londoner Konferenzen wegen der Angelegenheit der
Elbherzogthümer im Jahr 1864, und auch diese zunächst nicht erfolg=
lose Sendung geschah weniger auf Anregung des Bundes, als einer
Einladung, welche durch Kaiser Napoleon III. vermittelt war. Die
Repräsentation der deutschen Gesammtmacht im Auslande blieb also
thatsächlich den beiden Großstaaten (wie man sie in neuerer Zeit
nannte, Vormächten) überlassen oder sie unterblieb vielmehr ganz,
während der Bund gegenüber von den bei ihm selbst beglaubigten
Gesandten auswärtiger Staaten durch den vorsitzenden österreichischen
Gesandten vertreten wurde.

Auch die Vereinbarung über Erleichterung des Handelsverkehrs
im Innern Deutschlands, insbesondere durch Entfernung der binnen=
ländischen Zollschranken blieb den einzelnen Regierungen überlassen.
Der erste nennenswerthe Versuch in dieser Richtung war der Handels=

und. Zollvertrag zwischen Württemberg und den beiden Fürsten-
thümern Hohenzollern-Hechingen und Sigmaringen vom 24. Juli
1824. Hierdurch wurde die württembergische Zollgesetzgebung für die
an Württemberg angrenzenden, nahezu enclavirten hohenzollerschen Lande
verbindlich erklärt und den Fürsten als Ersatz für die von Württemberg eingehobenen Grenzabgaben eine jährliche Rente, vorerst von
20,000 fl. zugesichert. (Aus diesem Grunde vertrat Württemberg
bei den nachgefolgten Zollverträgen von selbst auch die beiden Hohenzollern.) Am 19. September 1824 wurde eine Uebereinkunft zwischen
Württemberg und Bayern abgeschlossen, welche die Herstellung des
freien Verkehrs unter den süddeutschen Staaten und die Errichtung
einer gemeinschaftlichen Zollverwaltung bezweckte. Es war dieß aber
nur eine vorläufige Konvention, welcher im folgenden Jahre weiteren
Konferenzen mit Baden und Darmstadt zu Grunde gelegt werden
sollte, die jedoch an dem Widerstande Badens scheiterten. Nun folgten, unter steter Anregung durch den württembergischen Gesandten in
München, Freiherrn v. Schmitz-Grollenburg, neue Unterhandlungen
zwischen Bayern und Württemberg, woraus endlich am 18. Januar
1828 der Grundvertrag des bayerisch-württembergischen Zollvereins hervorging.

Preußen, welches seiner Zeit auf dem Wiener Kongresse in dem
freisinnigen Hardenbergischen Bundes-Entwurf vom 13. Septbr. 1814
der Bundesversammlung die schöne Aufgabe gestellt hatte, „allgemeine
nützliche Einrichtungen und Anordnungen zum Wohle des Ganzen
herzustellen, z. B. ein allgemeines Gesetzbuch, gleiches Münzwesen, eine
zweckmäßige Regulirung der Zölle, des Postwesens, Beförderung und
Erleichterung des Handels und wechselseitigen Verkehrs," beschränkte
sich später darauf, sein eigenes Zollsystem auszubilden, und dessen
Ausführung durch Verträge mit den enclavirten kleinen Landesgebieten
zu sichern. Am 14. Febr. 1828 trat Hessen-Darmstadt dem preußischen Zollverbande bei, nicht ohne Hoffnung, daß die andern Südstaaten bald nachfolgen würden. Indessen wurde noch am 24. Sept. deß. J.
der mitteldeutsche Verein zwischen Hannover, Sachsen, Kurhessen und
andern nördlichen Staaten gegründet, ferner 1833 der thüringische

Verein. In ebendiesem Jahre wurde endlich der bayerisch-württem-
bergische Verein mit dem preußisch-hessischen Verein verschmolzen, nachdem bereits im Jahr 1829 beide sich durch einen Vertrag über gegenseitige Zoll- und Handels-Erleichterungen näher gekommen waren. Bald
darauf traten die meisten Mitglieder der andern Verbände dem neuen
Gesammtverein bei, welcher, nachdem auch Baden, Nassau, Frankfurt,
Hannover u. s. w. sich angeschlossen hatten, deutscher Zollverein
genannt wurde, *) obgleich Oesterreich (das ursprünglich dem Vereine
entgegenarbeitete, seit 1850 aber den Eintritt anstrebte), die beiden
mecklenburgischen Lande (mit Ausnahme einiger preußischer Enclaven,
welche schon früher in den preußischen Zollverband aufgenommen
waren), ferner Holstein, Lauenburg und die drei Hansestädte niemals
dazu gehörten.

Die Ansichten über die Nützlichkeit und Räthlichkeit des Zollan-
schlusses an Preußen waren anfänglich getheilt, wie sie es jetzt
wieder sind hinsichtlich des politischen Anschlusses. Bei einer Be-
sprechung württembergischer, badischer und hessendarmstädtischer Kam-
mermitglieder zu Langenbrücken am 30. Juni 1833 versicherten die
Hessen: der mehrere Jahre zuvor erfolgte Anschluß habe sich in ihrer
Heimath als materiell günstig und politisch unnachtheilig erprobt.
Nichts desto weniger glaubten die badischen Deputirten in der nahen
Verbindung mit dem damals noch unbeschränkt regierten Großstaate
Preußen große Gefahr für die politische Selbständigkeit ihres Landes
zu erblicken und erst im Jahr 1835 gelang es der badischen Regierung, die Zustimmung der Mehrheit der zweiten Kammer für den
unbedingten Beitritt des Landes zu erlangen. **) Auch der württembergische Unterhändler zu Berlin hatte manche Bedenken
bei dem Anschlusse, welche jedoch von dem nachherigen Abgesandten,

---

*) Auch in den offiziellen Bekanntmachungen der Regierungen.
**) Staatsrath Nebenius, welcher früher gegen den Anschluß an den bayerisch-
württembergischen Verein operirte, weil er in einem Verein der süddeutschen Staaten
das Uebergewicht Bayerns besorgte, war, wie schon 1819 bei Gelegenheit der Wiener
Unterhandlungen, für den Anschluß an einen großen Gesammtverein, wo die verschiedenen Interessen und Machtverhältnisse sich eher ausgleichen könnten.

Buchhändler Freiherrn von Cotta nicht getheilt wurden. Aber noch immer erklärten sich viele angesehene und freigesinnte Abgeordnete auf den beiden württembergischen Landtagen vom Jahr 1833 und nicht weniger einzelne Notabeln aus dem Handels= und Gewerbestande, welche das Ministerium vernahm, gegen die Vereinigung mit Preußen, jene weil, wie Römer sich ausdrückte, in politischer Hinsicht nichts gewonnen würde, die kommerziellen Vortheile aber noch ungewiß, mehrere sehr erhebliche Nachtheile aber gewiß seien, diese besonders wegen der Höhe der preußischen Tarifsätze. Doch wurde der Zollvereinsvertrag von der Mehrheit der zweiten Kammer mit 62 gegen 22 Stimmen genehmigt und nebst einer vereinbarten provisorischen Zollordnung noch im Dezember 1833 im Regierungsblatte verkündigt.

Bei der Berathung des am 29. März 1862 von Preußen Namens des Zollvereins abgeschlossenen Handelsvertrags mit Frankreich erhob sich umgekehrt eine lebhafte Agitation im Süden gegen die Herabsetzung der Zollsätze, indem einzelne Fabrikanten und ihre Anhänger vorbrachten, daß die inländischen Geschäfte noch eines bedeutenderen Schutzzolls bedürfen. *) Doch war das Interesse für den nun allgemein als unentbehrlich erkannten Zollverein und der Fortschritt, welcher durch Beseitigung der Differenzialzölle und die Herabsetzung auch des französischen Zolltarifs gewonnen wurde, (eine Ausgleichung würde durch Annahme der Werthverzollung statt der Gewichtverzollung Seitens des Zollvereins herbeizuführen sein) so einleuchtend, daß die Opposition sich zuletzt im Sande verlief und bei den nachgefolgten Verträgen mit andern westeuropäischen Staaten nicht mehr zum Vorschein kam.

In Betreff der finanziellen Wirkungen der Zollverträge kann

---

*) Schon durch das Projekt eines Handelsvertrags mit Frankreich und demnächst auch mit England und Belgien, erklärten einzelne Finanzmänner und Volkswirthe den Zollverein, den Gewerbfleiß und Wohlstand Deutschlands für bedroht. Repliken wie die, daß jeder neue Handels- und Zollvertrag eine Annäherung an das Freihandelsystem mit sich führen werde, wurden ungerne gehört. Verhandl. der württemb. Abg. v. 1861. S. 4824—4830.

auf nachstehende Vergleichung des Reinertrags der Zollgefälle Württembergs im Laufe von 37 Jahren hingewiesen werden.

1823—24 (vor dem Zollanschluß) ertrugen die Zölle 383,752 fl.

1824—25 (bei dem neuen erhöhten Tarif im Verein mit Hohenzollern) . . . . 484,487 „

1825—26 . . . . 524,234 „

1826—27 (nach der Erhöhung der Zölle auf Zucker und Kaffee, in Vorbereitung des Vereins mit Bayern) . . . . 654,239 „

1827—28 (nach Abschluß des Vereins mit Bayern unter weiteren Tariferhöhungen) . . . . 630,728 „

1828—29 . . . . 750,207 „

1829—30 . . . . 793,048 „

1830—31 . . . . 838,549 „

1831—32 *) . . . . 809,174 „

1832—33 . . . . 703,173 „

1833—34 (nach Abschluß des Zollvereins mit Preußen und Erhöhung einzelner Zollsätze, welche jedoch erst mit dem 1. Jan. 1834 in Wirksamkeit traten) . . . . 1,097,723 „

1834—35 . . . . 1,547,568 „

1835—36 . . . . 1,557,666 „

1851—52 (mit Einschluß der Rübensteuer, der privativen Zollgefälle und der Niederlagegebühren) . . . . 2,240,404 „

1859 - 60 . . . . 2,220,657 „

Diese Zahlen sind entnommen aus den württembergischen Jahrbüchern des statistisch-topographischen Bureau an verschiedenen Stellen. Zu berücksichtigen ist jedoch bei den ersichtlichen auffallenden Steigungen der Zolleinnahmen außer den Einflüssen, welche bereits genannt wurden, die namhafte Steigerung der Konsumtion sowie die bessere Aus-

---

*) Der Rückgang in diesem und dem folgenden Jahre erklärt sich aus dem Schleichhandel an den Grenzen von Sachsen und Böhmen.

nützung der Finanzzölle, die schärfere Bewachung der Grenzen. Aus dem letztern Grund ist auch der Verwaltungsaufwand von ursprünglichen 11—12 % (1823—26) während des Zollvereins mit Bayern auf 25 % gestiegen und dennoch ward die Mehreinnahme bewirkt. Die Einwirkung des neuen Tarifs von 1865 auf den Ertrag des Zollgefälls ist bei der kurzen Dauer seiner Wirksamkeit und wegen der politischen und Handels-Krisis im gegenwärtigen Jahr noch nicht genau zu erkennen und zu übersehen. Doch läßt sich jetzt schon sagen, daß wenn auch die Zolleinnahmen in Folge der Handelsverträge mit Frankreich, Italien u. s. w. etwas nachgelassen haben, doch die von Manchen gefürchteten volkswirthschaftlichen Nachtheile nicht eingetreten sind.

Nun aber soll dieser deutsche Zollverein, nachdem er in einer Reihe von Jahren die segensreichsten Folgen für unsre Staats- und Privat-Wirthschaft gehabt und alle Krisen glücklich überstanden hat, gesprengt oder doch einer ungewissen Zukunft entgegengeführt werden. Daß bereits Kommissarien in Frankfurt und Nassau aufgestellt seien, um die neuen Mauthgrenzen aufzunehmen, war freilich nicht blos für Kaufleute, welche die Frankfurter oder Leipziger Messe vom Süden aus besuchen, sondern für jeden Mann des Verkehrs, da einmal die Verkehrsströmung großtentheils dem Norden und dem Rheine zugeht (weniger der Donau und den Alpen nach) eine Schreckensbotschaft und auch Reisende, die blos zum Vergnügen oder der Erholung wewegen, mit dem Bädeker, nicht mit Waarenmustern unter dem Arm, sich auf der Eisenbahn oder Heerstraße bewegen, würden es unausstehlich finden, wenn wieder im Herzen Deutschlands, nicht blos an der Grenze Frankreichs, Belgiens u. s. w. die Koffer visitirt würden. Jene Nachricht, wahr oder nicht wahr, hat als eine milde Pression, woran wir nun schon einige Zeit her gewohnt sind, ihren Zweck erfüllt und gar Mancher, der sonst den nationalen Einheits-Bestrebungen keine Aufmerksamkeit schenkte, sondern lieber einfach ein Bayer, Württemberger, Badener u. s. w. sein und bleiben wollte, ward durch den Ruf: „der Zollverein ist in Gefahr" erschreckt und auf den Werth einer dauernden größeren Gemeinschaft hingewiesen.

So nahe ist nun zwar der Zollverein seiner Auflösung nicht: denn in den Friedensverträgen der südbeutschen Staaten Bayern, Württemberg, Baden, Darmstadt ist der Zollvereinsvertrag v. J. 1865 vorläufig bis auf halbjährige Kündigung gesichert. Allein derselbe wird jedenfalls nicht fortbauern in bisheriger Weise. Der preußisch-bayrische Friedensvertrag vom 22. August 1866 bestimmt wörtlich:

Art. VII. Die hohen Contrahenten werden unmittelbar nach Abschluß des Friedens wegen Regelung der Zollvereinsverhältnisse in Verhandlung treten. Einstweilen sollen der Zollvereinigungsvertrag vom 16. Mai 1865 und die mit ihm in Verbindung stehenden Vereinbarungen, welche durch den Ausbruch des Kriegs außer Wirksamkeit gesetzt sind, vom Tage des Austausches der Ratifikationen des gegenwärtigen Vertrags an mit der Maßgabe wieder in Kraft treten, daß jedem der hohen Contrahenten vorbehalten bleibt, dieselben nach einer Aufkündigung von sechs Monaten außer Wirksamkeit treten zu lassen.

Während alle übrigen mit Preußen vor dem Kriege abgeschlossenen Verträge einfach wieder in Kraft gesetzt wurden (Art. VIII.), soll also der Zollverein einseitig von Halbjahr zu Halbjahr aufgesagt werden können. Es widerspricht dieß dem Art. 1. des Vereinsvertrags von 1865, wonach der Verein vorläufig auf weitere 12 Jahre, vom 1. Januar 1866 anfangend, also bis letzten Dezember 1877 abgeschlossen ist. Damit stimmt überein Art. 41 desselben, wonach der Zollverein, wofern er nicht vor dem 1. Januar 1876 von dem einen oder andern Staate gekündigt wird, auf weitere 12 Jahre und so stillschweigend von 12 zu 12 Jahren als verlängert angesehen werden soll. Bei Gründung des ersten süd-norbbeutschen Zollvereins d. h. in dem Vertrage zwischen Bayern und Württemberg einer- und Preußen und den beiden Hessen andererseits ward zwar durch einen Separatartikel (31. Oct. 1833) festgesetzt, daß die stillschweigende Verlängerung von je 12 Jahren nur dann angenommen werden solle, wenn nicht in der Zwischenzeit sämmtliche deutsche Bundesstaaten über gemeinsame Maßregeln übereinkommen, welche den mit der Absicht des Art. 19. der Bundesakte in Uebereinstimmung stehenden Zweck des abgeschlossenen Zollvereins vollständig erfüllen. Allein die Gründung eines norddeutschen Bundes kann nicht als Surrogat für die von den Kontrahenten des Jahres 1833 im Auge gehabte allgemeine deutsche Einigung betrachtet werden. Eine blos sechsmonatliche Kündigungsfrist bei einem so wichtigen, in alle Verhältnisse tief eingreifenden und schon so lange existirenden und bewährten Vereine unter deutschen Staaten sieht aus, wie eine fortdauernde Feindseligkeit, wie eine Drohung, die über dem Süden schwebt. (Und nicht auch über dem Norden, obwohl von Preußen die kurze Frist gesetzt wurde?) Der Grund davon kann nur darin liegen, daß Preußen für den Fall des Nichtbeitritts der süddeutschen Staaten oder eines derselben zu der beabsichtigten neuen Reglung der Zollvereinsverhältnisse sich freie Hand gegenüber denselben vorbehalten wollte.

Welches Ziel diese Reglung haben wird, ist nicht bekannt; vermuthlich ist es aber dabei auf eine neue Organisation des Zollvereins abgesehen, welche schon darum nothwendig sein möchte, weil die nördlich vom Maine liegenden Gebiete einer neuen „Bundesgewalt" unterworfen sein und an dem Parlament theilnehmen werden, zu dessen Kompetenz u. A. die Zollgesetzgebung gehört. Schon vor Jahren wurde wohl auch von einer gemeinsamen Vertretung im Zollverein, einem sog. Zollparlamente, gesprochen um die Interessen des Handels und Verkehrs nicht den Zufällen einer büreaukratischen Behandlung anheimzugeben. Es bedurfte aber nur einer Andeutung in dieser Richtung auf dem volkswirthschaftlichen Kongresse in Stuttgart von 1861, als sofort Herr v. Varnbüler u. And. mit Entrüstung den Vorschlag zurückwiesen, weil dahinter der Versuch stecke, die preußische Hegemonie auf indirektem Wege zur Geltung zu bringen. Jetzt werden auch nur die norddeutschen Staaten ein Parlament haben und darin über Zolltarife, Zollgesetze und Handelsverträge, Post- und Telegraphenwesen, konsularische Vertretung u. s. w. zu berathen? Es fragt sich nun: 1) welches wird das Verhältniß der süddeutschen Staaten zu dem norddeutschen Bunde in Zollsachen sein, so lange jene mit diesem überhaupt noch in Zollgemeinschaft stehen? Das bis-

herige Verhältniß b. h. ein Zoll-Verein unter gleichberechtigten Staaten
wird in keinem Falle fortbestehen können, wenn der Norden zu einem
Bundesstaate vereinigt ist, sondern das neue Verhältniß wird darauf
beruhen, daß Norddeutschland hinfort als eine Gesammtheit auch
bei Zollsachen und in Fragen der Handelspolitik in Betracht kommt
und daß der norddeutsche Bund durch das Bundeshaupt Zoll- und
Handelsverträge mit den außerhalb stehenden Staaten, auch mit den
Südstaaten, abschließt, wozu alsdann das norddeutsche Parlament
durch Mehrheitsbeschlüsse seine Beistimmung ebenso zu ertheilen hat,
wie die Stände der Einzelnstaaten sie bisher ertheilt haben. Die Zollgemeinschaft unter den norddeutschen Staaten wird also, um es kurz
zu sagen, nicht mehr Ausfluß sein eines Zollvereinsvertrags unter
denselben, sondern der bundesstaatlichen Verfassung, welche wohl
auch die Einkünfte aus den Zöllen, soweit sie den Norden nach Maßgabe seiner Bevölkerung treffen, der Bundeskasse zuweisen wird (zur
Bestreitung des großen Militär- und Marine-Etats des Bundes),
während die süddeutschen Staaten, wofern sie überhaupt noch in dem
Zollgebiete bleiben, allerdings mit dem norddeutschen Bund an den
gemeinsamen Zollerträgnissen participiren als souveräne Theilhaber
einer völkerrechtlichen Kommunion. Es wird dieß zwar für die
Südstaaten den scheinbaren Vortheil haben, daß sie als Externen auch
nicht kontribuiren zu den höheren Ausgaben für das Militär und
zu den Marine-Ausgaben im Norden; doch wird ihnen wahrscheinlich
auch jetzt schon der Anschluß an das norddeutsche Militärsystem und
die Kontribution zu der Anschaffung von Kriegsschiffen und zur Unterhaltung von Konsulaten an den bedeutendsten Handelsplätzen, wofern sie denselben Schutz genießen wollen, nicht geschenkt werden. Werden
sie aber künftig noch Einfluß haben auf die Zoll- und Handels-Verträge
und Gesetze, welche bisher dem liberum veto eines jeden Kleinstaates
unterlagen? Die Landtage der Südstaaten werden zwar ohne Zweifel
auch künftig noch bei Veränderung der Zollsätze, Zollverträge und Zollgesetze von ihren Regierungen zu vernehmen sein b. h. die dortigen
Regierungen werden, ehe sie definitiv beitreten, die Zustimmung ihrer
Stände einholen, wenn sie nicht voraus hierzu von diesen legitimirt sind.

Nur wird der ständische Beirath und Konsens meist eine bloße Form sein, eingeholt, nachdem die Entscheidung bereits anderwärts getroffen ist. Denn darüber kann kein Zweifel sein: der **Schwerpunkt Deutsch**lands liegt, so lange der Süden getrennt ist, in dem **nord**deutschen **Bunde** und seinem **Parlamente**. Wenn auch diesem die moralische Aufgabe zufallen dürfte, den Süden einstweilen mit zu vertreten, so wird doch der Argwohn, daß dieß in Wirklichkeit nicht der Fall sei, und das Gefühl einer abhängigen und ungleichen Stellung auf deutschem Boden bei den Südstaaten zurückbleiben. Sollte dieses den norddeutschen Brüdern, die doch auch des Südens im Handel und Wandel bedürfen, wie der Süden des Nordens, gleichgültig sein? Wie das einheitliche Zusammenfassen deutscher Staaten in dem Zollverein einen unverkennbaren Einfluß hatte auf die praktische Auffassung der, Vielen nur als Ideal vorschwebenden Einheit Deutschlands (obgleich die Verfassung des deutschen Zollvereins eben kein empfehlenswerthes **Vorbild** war für eine künftige Einheitsgestaltung!), so könnte leicht der zu Grabe gehende Zollverein ein Ferment werden für einen Gährungsprozeß, der nach der einen oder andern Seite ausschlagen würde!

2) Welche Folge hätte die gänzliche Auflösung des Zollvereins für Deutschland? Auch hier müssen wir zwischen dem Norden und Süden unterscheiden. Jener wird seine Zollgemeinschaft und seine Verbindung zu einer gemeinsamen Zoll- und Handelsgesetzgebung fortsetzen, so lange überhaupt der norddeutsche Bund besteht, ja er wird in Gemäßheit seiner, von den süddeutschen theilweise verschiedenen, mehr und mehr der **Handels**freiheit zugewendeten Interessen das bestehende Handels- und Besteurungs-System wahrscheinlich abändern und weniger Rücksicht nehmen auf eine Annäherung an **Oesterreich**, dessen Industrie, wie wenigstens die österreichischen Industriellen und ihre süddeutschen Freunde behaupten, dem freien Markte noch nicht gewachsen ist. Und das südwestliche Deutschland? — Es würde wohl nunmehr in der Lage sein, den Sympathien für einen österreichischen Anschluß nachzugeben, vielleicht auch in Italien, wenn Oesterreich seine Antipathien gegen dessen Einheit unterdrückt, wie im Mittelalter Verbindungen anzu-

knüpfen. Würde aber die wirthschaftliche Einheit mit Oesterreich die finanziellen Vortheile des Zollvereins mit dem Norden aufwiegen und würden nicht die Anknüpfungen für ein eigenthümliches südeuropäisches Schutzzoll- und Finanzzollsystem zu spät kommen, nachdem Italien sich dem westeuropäischen Handelssystem vollständig angeschlossen hat?

Wir müssen noch auf eine weitere Folge der Sprengung des Zoll-vereins hinweisen. Die bisherige Führung des Zollvereins lag in den Händen Preußens, als des mächtigsten und einflußreichsten Mitglieds, wenn gleich es Grundsatz war, daß Handelsverträge mit auswärtigen Staaten geschäftlich von derjenigen oder denjenigen Re-gierungen einzuleiten seien, welche jenen Staaten geographisch am nächsten stehen. Preußen hat denn auch verschiedene Verträge mit Frankreich, England, Belgien, Italien und selbst mit den entlegenen Reichen in China, Japan, Siam, Chili abgeschlossen, welche nach-gehends von den andern Zollvereinsstaaten genehmigt wurden, während die von Bayern, Württemberg und Baden mit der Schweiz vorläufig abgeschlossene Uebereinkunft noch nicht die Zustimmung Preußens er-halten hat. Löst sich nun der Zollverein auf, so fallen mit ihm auch die Namens desselben geschlossenen Verträge. Der Vertrag mit Frankreich von 1862 läßt hierüber keinen Zweifel. Nach Art. 32. ist derselbe auf 12 Jahre, vom Tage des Austausches der Ratifika-tionen angefangen, eventuell, wenn in dieser Zeit nicht gekündigt worden, bis auf eintretende Kündigung eingegangen, und auch in diesem Fall soll der Vertrag noch ein Jahr von der Kündigung an aufrecht erhalten werden. Sodann heißt es:

„Wenn jedoch vor Ablauf des oben bezeichneten Zeitraums der Zollverein sich auflösen sollte, so treten die in dem gegen-wärtigen Vertrage enthaltenen wechselseitigen Verpflichtungen gleichzeitig mit dem Zollvereins-Vertrage außer Kraft.“

Die Staaten des Zollvereins, nicht bloß die süddeutschen, auch die norddeutschen werden also, im Fall es zu der jetzt zwischen ihnen festgesetzten halbjährigen Kündigung kommen sollte, zusehen müssen, daß sie den Inhalt der Verträge, durch deren zeitige Erneuerung für sich festhalten, soweit derselbe sich unter den veränderten

Verhältnissen überhaupt festhalten läßt. Leichter wird es Preußen werden, für den größeren Markt im norddeutschen Bund neue Handelsverträge mit Frankreich und den anderen westlichen Staaten zu Stande zu bringen, als es Bayern und Württemberg gelingen würde, die europäischen Staaten für die höheren Schutz= und Finanz=Zölle zu gewinnen.

Also der Zollverein mit seiner merkantilischen Machtstellnng ist allerdings in Gefahr. Aber von dem Süden und Norden wird es abhängen, die Vortheile desselben in einem engeren Verbande wiederzufinden.

Noch eine Bemerkung müssen wir uns gestatten. Die preußische Regierung ging bei den Friedensverträgen mit den süddeutschen Staaten davon aus, daß der Krieg an sich die Verträge unter den kriegführenden Staaten vernichte; also auch die Zollvereins=Verträge! Diese Voraussetzung entspricht jedoch weder der Idee des Rechts, noch auch der Wirklichkeit. Nehmen wir auch an, daß der Krieg selbst ein gerechtfertigter war, als darauf gerichtet, wieder zu dem verletzten Rechte zu gelangen, so geht doch das Recht des Krieges nicht weiter als sein Zweck. Der von Preußen geführte Krieg galt aber nicht dem Zollverein, sondern er galt Oesterreich und dem deutschen Bund, welche beide mit dem Zollverein nichts zu thun hatten. Nur solche Verträge werden überhaupt durch den Krieg betroffen, deren Beseitigung der Krieg zum Zweck hat oder welche doch während der Feindseligkeiten nicht vollziehbar sind. Der Zollverein, welchem Preußen mit seinen Verbündeten selbst angehörte, warb aber durch den letzten Krieg nicht einmal unterbrochen. Die gemeinsame Erhebung der Zolleinkünfte und der Rüben=Steuer dauerte fort, und ohne Zweifel wird auch gegenseitige Abrechnung darüber gepflogen werden. Erst in den Friedensverträgen mit den süddeutschen Staaten wurde die Fortdauer des Vereins offiziell in Frage gestellt, aber unter einstweiliger Fortexistenz desselben in der bisherigen Gestalt. Diese Friedensverträge sind nun zwar jetzt normgebend; aber weder folgt daraus, weil dieselben den Zollverein berühren, daß dieser unschuldige Zollverein auch vom Kriege berührt war, noch weniger, daß er durch das Kriegsrecht vernichtet ist. Wir müssen vielmehr unsere Ueberzeugung dahin ausſprechen, baß bie ſübbeutſchen Regierungen nicht gerne zu ber Verkürzung bes Künbigungstermins ihre Zuſtimmung gegeben haben, ſonbern blos barum, weil Preußen bieſelbe als ein Zugeſtänbniß forberte unb ſie nicht in ber Lage waren, es abzulehnen.

Inzwiſchen hat bie preußiſche Regierung bieſelben Friebensver= träge benützt, um bie zeitgemäße Beſeitigung verſchiebener Verkehrs= hemmniſſe, welche unter ben bisherigen Verhältniſſen bes Bunbes unb bes Zollvereins nicht gelungen war, auszuführen ober minbeſtens Anſtoß bazu zu geben. Wir meinen hier 1) bie Aufhebung ber Schifffahrts=Abgaben auf bem Rhein, wo bisher auf Grunb ber Uebereinkunft vom 31. März 1831 immer noch eine Schiffgebühr unb ein Waſſerzoll von ber Labung erhoben wurben. Bayern unb Baben haben in ben Friebensbeſtimmungen bie Einſtellung ber Erhebung vom 1. Jan. 1867 zugeſagt, Heſſenbarmſtabt wohl gleichfalls, unb Naſſau hat, nachbem es an Preußen übergegangen, aufgehört ein Hinberniß zu ſein. — Dieſelbe Verpflichtung haben jene Staaten übernommen hinſichtlich ber Schifffahrtsabgaben auf bem Main. 2) Zur Vereinbarung längſt vermißter Normen für Förberung bes Perſonen= unb Güterverkehrs auf ben Eiſenbahnen, namentlich zur Reglung ber Konkurrenzverhältniſſe gegenüber ben, bem allge= meinen Verkehrs=Intereſſe nachtheiligen, Beſtrebungen einzelner Ver= waltungen, ferner zur Aufſtellung allgemeiner Grunbſätze für Her= ſtellung unb möglichſte Förberung neuer, im allgemeinen Intereſſe gegrünbeter, Eiſenbahn=Verbinbungen — ſollen nach ber Zuſicherung bes preußiſch=bayriſchen Vertrags Art. IX. unmittelbar nach Herſtellung bes Friebens in Deutſchlanb Kommiſſarien ber Regierungen an einem zu beſtimmenben Orte zuſammentreten.

Man ſieht hieraus wieber: Manches liegt in ber Macht eines Einzelnen, was Vielen nicht gegeben iſt.

Die Wehrverfassung Deutschlands.

Das alte Übel des Allemands (wie der kaiserliche Heerführer, Prinz Eugen von Savoyen sich ausdrückte), die Uneinigkeitskrankheit hat sich auch an der Kriegsverfassung des deutschen Bundes gezeigt. Die Bundesakte von 1815 hatte über einen so wichtigen Gegenstand, wie die Heeres-Organisation im Krieg und Frieden, nichts bestimmt. Das zweite Grundgesetz, die Schlußakte der Wiener Minister-Konferenzen von 1820 Art. 51 enthielt bloß den allgemeinen Ausspruch, daß die Bundesversammlung verpflichtet sei, die auf das Militärwesen des Bundes Bezug habenden organischen Einrichtungen und die zur Sicherheit seines Gebiets erforderlichen Vertheidigungs-Anstalten zu beschließen. Dieselbe Schlußakte Art. 14 bestimmte aber auch, daß bei organischen Einrichtungen des Bundes, wohin auch die Kriegsverfassung gehörte, nicht nur über die Vorfrage, ob solche nöthig, sondern auch über den Entwurf und die Anlage derselben in ihren allgemeinen Umrissen und wesentlichen Bestimmungen im Plenum der Bundesversammlung und durch Stimmeneinhelligkeit zu entscheiden sei. Die Grundzüge der Kriegsverfassung des deutschen Bundes, aus 24 Artikeln bestehend, wurden denn auch endlich durch Plenarbeschluß vom 9. April 1821 festgesetzt, worauf die näheren Bestimmungen am 12. April 1821 und 11. Juli 1822 folgten. Es fehlte jedoch noch sehr viel, um eine brauchbare und zugleich der Natur eines Bundes souverainer Staaten zusagende Heeres-Einrichtung zu Stande zu bringen; ja man muß sagen, daß dieses doppelte Ziel niemals erreicht worden. Immer bedurfte es einer dringenden Gefahr von außen, um auch nur über die nöthigsten Ergänzungen und Verbesserungen sich zu verständigen. Eine Anzahl von Beschlüssen wurde gefaßt, angeregt durch die französische Julirevolution in den Jahren 1830—1832, andere nach der französischen Kriegsdrohung vom Jahr 1840 in den Jahren 1841 und 1842. An den „Grund-zügen der Kriegsverfassung" ist auch seitdem nichts geändert worden. Dagegen wurden die „näheren Bestimmungen" einer Revision unter-

worfen, welche aber vor dem sechsten Abschnitt, betreffend den Ober=
feldherrn, stehen geblieben ist, obgleich die dortigen Bestimmungen
seit 1859 mehrfach als unausführbar anerkannt*) und nachgewiesen
worden sind**).

Jetzt ist in Folge der Auflösung des deutschen Bundes die
ganze Bundeskriegs=Verfassung sowie die übrige Bundesgesetzgebung
beseitigt. Doch wird es nicht ohne Interesse sein, die bisherigen
Einrichtungen bei ihrem Uebergang in die neueren Zustände sich
nochmals in Kurzem zu vergegenwärtigen.

1) Bezüglich des Heerwesens, womit sich die bisherige sog.
Kriegsverfassung ausschließlich beschäftigte.

Der deutsche Bund hatte, wie das vormalige deutsche Reich kein
eigenes, unmittelbar von ihm selbst aufgebrachtes und besoldetes
Kriegsheer, sondern das Bundesheer, obgleich schon im Frieden für
den Fall des Ausrückens bereit gehalten und seiner Stärke und
Eintheilung nach bestimmt, auch seit 1841 periodisch durch Offiziere
verschiedener deutscher Staaten inspizirt, war zusammengesetzt aus
den Kontingenten aller Bundesstaaten, welche nur im Kriegsfalle
vereinigt und unter das Kommando eines, alsdann vom Bunde zu
wählenden Oberfeldherrn gestellt werden sollten. Die erstmals im
Jahr 1818 vom Bunde angenommene und seither im Wesentlichen
unverändert gebliebene „provisorische Bundesmatrikel", wonach sowohl
die Mannschaftsstellungen als auch in der Regel die Geldleistungen
der Bundesglieder für Bundeszwecke, namentlich für Erbauung und
Unterhaltung der Bundesfestungen, bemessen wurden, berechneten die
Bevölkerung der Bundesstaaten, mit Berücksichtigung weniger in Folge
von Territorialänderungen nothwendig gewordenen Berichtigungen auf
30,164,392 Seelen (während der thatsächliche Stand bis auf 46

*) Die Kriegsverfassung des deutschen Reichs und des deutschen Bundes, dar-
gestellt von Freiherrn v. Löen, Dessau 1860 S. 95.

**) So auch in einem Aufsatze des Verfassers dieses, betitelt „der Bundesfeld-
herr" in der Zeitschrift für deutsches Recht, Bd. XX. S. 161 f. Ferner in der
Flugschrift Nr. III. des Nationalvereins: „Die Bundeskriegsverfassung", Coburg
1861. 3. Aufl. 1862.

Millionen angewachsen ist). Hiernach stellte sich die Stärke des Hauptkontingents zu 1 1/8 Prozent und des gleichfalls aktiv zu halten= den Reservekontingents zu 1/3 Prozent der matrikelmäßigen Bevölke= rung auf 442,475 Mann. Dazu kam noch das Ersatzkontingent, be= stehend in 1/8 mit 50,277 Mann, welches im Laufe eines Krieges auf 1/2 Prozent verstärkt werden konnte. (Weitere Erhöhung be= durfte eines Bundesbeschlusses.) Das ganze Bundesheer mit seinen voraus bestimmten Waffengattungen zerfiel in 10 Armeekorps, wo= von je 3 von Oesterreich und Preußen, das 7. von Bayern, die 3 übrigen (gemischte) Korps von den übrigen Bundesstaaten zu stellen waren.

Der künftige norddeutsche Bund wird auf die Kontingente der norddeutschen Staaten also, um im Sinn der bisherigen Kriegs= verfassung zu reden, auf 5 Armeekorps (4—6, 9 und 10) be= schränkt sein. Aber er wird ohne Zweifel mittelst der allgemeinen Wehrpflicht und durch einheitliche, stramme Heeresorganisation, schon im Frieden, dieselbe Wehrkraft zu erreichen streben. Andererseits hängt es von den südwestlichen Staaten, welche nun gleichfalls nicht mehr an die bisherige Kriegsverfassung gebunden sind, ab, wie sie für den Fall eines Kriegs und vorbereitend schon im Frieden ihre Streitkräfte organisiren wollen. Eine der ersten Einigungen natio= naler Art zwischen dem Norden und Süden dürfte eben darin be= stehen, daß an die Stelle der bisherigen untauglichen Kriegsverfassung eine andere unter oberster preußischer Heeresleitung gesetzt wird. Vermuthlich wird das erprobte preußische Heersystem mit der allge= meinen Wehrpflicht auch von den Südstaaten angenommen werden, wobei jedoch dafür gesorgt werden sollte, daß nicht durch eine Steige= rung der früher auch im preußischen Heere eingeführten zweijähri= gen Präsenzzeit allzugroße wirthschaftliche Nachtheile herbeigeführt werden.

2) Als Bundesfestungen wurden schon aus Anlaß des zweiten Pariser Friedens von 1815 die Plätze Mainz, Luxemburg und Landau bestimmt, ohne daß jedoch die Territorialhoheit dadurch aufgehoben werden sollte. Ferner wurden 60 Millionen von den französischen

Entschädigungsgeldern (700 Millionen Francs) zur Befestigung von Grenzpunkten entnommen. Davon erhielt Preußen 20 Millionen zur Herstellung seiner eigenen Festungen, Bayern 15 Millionen zu einer Festung am Mittelrhein (Germersheim); 5 Millionen wurden zur Vervollständigung der Bundesfestung Mainz ausgesetzt und die übrigen 20 Millionen zur Erbauung einer (vierten) Bundesfestung am Oberrhein zurückgelegt. Lange dauerte der Zwiespalt darüber, wohin diese Festung kommen solle. Der Plenar-Bundesbeschluß vom 5. Oktober 1820, wodurch die Festungen Mainz, Luxemburg und Landau vom Bunde übernommen und deren Herstellung und Vollendung angeordnet wurde, enthielt nichts von einer Festung am Oberrhein. Oesterreich, das seit dem Verluste Belgiens und der schwäbischen Vorlande nebst Breisgau weniger Interesse bei der unmittelbaren Vertheidigung des Rheins hatte,[*] gab zwar zu, daß zum Schutze der vorliegenden süddeutschen Bundeslande etwas geschehen müsse, verlangte aber daß zunächst oder wenigstens gleichzeitig die Stadt Ulm eine Befestigung erhalte, indem ohne einen solchen festen Punkt das ganze Vertheidigungssystem des südlichen Deutschlands unvollständig bleiben würde. Württemberg und Baden waren gegen die Erbauung einer Festung in ihrem Rücken, ehe noch die vorgesehene Festung am Oberrhein mit den dazu bestimmten und einstweilen unnutzbar daliegenden oder doch von dem Bunde nicht verwalteten Geldern ausgeführt sei. Auch behaupteten Eingeweihte noch im Jahr 1837, daß es Oesterreich mit der Verstärkung des Vertheidigungssystems des südlichen Deutschlands keineswegs Ernst sei, daß vielmehr die ganze Sache von Oesterreich nur hingehalten werde, weil dieses es seinem Interesse angemessen finde, das südliche Deutschland (aber Vorarlberg und Tyrol?) vertheidigungslos seinem Schicksal zu über-

---

[*] Der französische Verfasser der historischen Paralelle: Le Congrès de Vienne en 1814 et 1815 et le Congrès de Paris en 1856, par Baron de Grovestins, Paris 1855 p. 119. bezieht diese Aenderung auf die Abdication Franz II. vom Reiche im Jahr 1806, indem er von ihm sagt: il laissa donc le Rhin à la garde de la Prusse, qui de ce jour, devint le centre de la patrie allemande.

laſſen. *) Endlich im Jahr 1841 wurde der Streit durch die Bundes=
verſammlung dahin entſchieden, daß zwei Feſtungen: Ulm und Raſtatt
gebaut werden ſollen, jenes als Hauptwaffenplatz und Feſtung erſten
Rangs, dieſes als Verbindungs= und Grenz=Feſtung, ſowie als Waffen=
platz des achten Armeecorps. **) Die für den letztern Zweck in Aus=
ſicht genommene Errichtung eines befeſtigten Lagers bei Raſtatt iſt
ſo wenig zur Ausführung gekommen, als die Befeſtigung einiger Päſſe
des Schwarzwalds, welche ſpäter im Schooße der Bundesverſammlung
nicht weiter berührt wurde.

Ueber die Befeſtigung und das Kommando der 5 Bundesfeſtungen,
ihre Armirung, Verproviantirung, über die Verhältniſſe zu dem Terri=
torialherrn u. ſ. w. beſtanden bisher eigene Verträge und Bundes=
beſchlüſſe. Mainz wurde mit einer gleichen Anzahl öſterreichiſcher
und preußiſcher und 1 Bataillon heſſen=darmſtädtiſcher Truppen be=
ſetzt; im Kriege ſollte die Beſatzung aus $\frac{1}{3}$ öſterreichiſcher, $\frac{1}{3}$ preußi=
ſcher und $\frac{1}{3}$ Bundestruppen (von der ſog. Reſervediviſion, gebildet
aus den Truppen der kleineren Staaten) beſtehen. Die Beſatzung
von Landau ſollte im Frieden ganz aus Bayern, im Kriege zu
etwa $\frac{1}{3}$ aus Truppen der kleineren Staaten gebildet werden; die
von Luxemburg im Frieden ganz aus preußiſchen Truppen, welchen
im Kriegsfall die kleineren Staaten 2667 Mann (unter 7000) bei=
zugeben hatten. Die Friedensbeſatzung von Ulm beſtand aus bay=
riſchen und württembergiſchen Truppen und zwei Kompagnien öſter=
reichiſcher Artillerie, die Kriegsbeſatzung (10—20,000 Mann) aus
$\frac{1}{3}$ öſterreichiſcher und $\frac{2}{3}$ bayeriſcher und württembergiſcher Bundes=
truppen. Die Friedens= und Kriegsbeſatzung von Raſtatt aus
öſterreichiſchen, preußiſchen und badiſchen Bundestruppen.

Dieſe und andere Verhältniſſe der Bundesfeſtungen ſind jetzt
nur noch in ſo fern von Bedeutung, als es ſich handelt von der

---

*) Einiges aus der Mappe des Staatsminiſters und Bundestagsgeſandten Frei=
herrn v. Blittersdorf, S. 23 u. 24.

**) Nur 9 Millionen waren von den franzöſiſchen Kontributionsgeldern nebſt
Zinſen noch übrig. Das Meiſte mußte durch Matrikularumlagen aufgebracht werden.

Auflösung des Bundeseigenthums und der Uebergabe der Werke an einen neuen Besitzer. Im Zweifel erwacht jetzt wieder das unbeschränkte Territorialrecht desjenigen Staats, worin die Festungen gelegen sind. In Betreff von Mainz hat sich Preußen in dem Friedensvertrag mit Darmstadt das Besatzungsrecht ausbedungen. Wegen Luxemburgs, welches Preußen für den norddeutschen Bund ferner besetzt halten will, schweben noch Unterhandlungen mit Holland. Landau ist nach wie vor in den Händen Bayerns. Dagegen möchte es für Bayern und Württemberg bezw. Baden schwierig sein, die Festungen Ulm und Rastatt allein zu unterhalten und den neuesten Fortifikations-Ansprüchen gemäß auszubauen, und auch die ausschließliche Besatzung werden diese Staaten im Kriegsfall nicht gewähren können, wenn sie nicht eine unverhältnißmäßige Anzahl ihrer Truppen in jene Festungen einschließen wollen. Wie verhält es sich sodann mit dem Immobiliar-Eigenthum, ferner mit der Armatur und dem übrigen Material der bisherigen Bundesfestungen? An und für sich ist all' dieses Gegenstand der Theilung unter den deutschen Bundesstaaten. Davon ausgegangen, daß die Bundesfestungen im Interesse der Vertheidigung von Gesammt-Deutschland errichtet und unterhalten worden, und daß sie auch ferner noch zu diesem Zwecke nöthig sein werden, möchte es aber geboten sein, das Terrain, die Ausrüstung und das gesammte Material jener Festungen in die Hände derjenigen Macht zu übertragen, welche die Besatzung und Verwaltung derselben übernimmt. Indessen können solche Einräumungen nur gemacht werden im Wege der Vereinbarung und unter Entschädigung, wenigstens Oesterreichs, das aus Deutschland ausgeschieden ist. (Von den Stipulationen im österreichischen Friedensvertrage früher.)

3) Die Vertheidigung der deutschen Handels-Interessen zur See, mittelst einer Kriegsflotte, hat den deutschen Bund nur in so fern beschäftigt, als er nach seinem Wiedererwachen im Jahr 1850 die aus matrikularmäßigen Geldleistungen der deutschen Staaten und (zu einem sehr kleinen Theile) aus freiwilligen Beiträgen Einzelner gegründete Marine mit Verachtung behandelte und endlich im April 1852 sämmtliche Schiffe nebst zugehörigem Material mit Hülfe des

bekannten Flotten-Kommiſſärs, Hannibal Fiſcher, unter den Hammer
brachte. Seither hat Preußen eine kleine Kriegsflotte geschaffen,
welche bereits in dem däniſchen Kriege, ebenſo wie die aus dem adria-
tiſchen Meere herbeigeholten öſterreichiſchen Kriegsschiffe, gute Dienſte
geleiſtet hat. Der von der Centralgewalt 1848 niedergeſetzte Marine-
Ausſchuß hat mit jener ſich aufgelöſt. Es wird nun aber von
Preußen beabſichtigt, den Kieler- und Jahde-Hafen zu Kriegshäfen
des norddeutſchen Bundes zu beſtimmen, wo bereits mit bedeutenden
Marine-Einrichtungen der Anfang gemacht iſt. — Mit dem Schutze
zur See ſteht in nahem Zuſammenhang

4) die Küſten-Vertheidigung. Im Jahre 1859 wurden von
Preußen die betheiligten Staaten zur Verabredung gemeinſamer
Schritte in dieſer Richtung eingeladen. Nur Hannover hielt ſich
ferne, indem die dortige königliche Regierung vorzog, dem hanno-
verſchen Landtage eine Exigenz zu ſelbſtändiger Errichtung einiger
Thurmforts und zur Anſchaffung mehrerer Kanonenboote zu übergeben. Den 17. Dezember 1859 beantragten ſodann die deutſchen
Mittelſtaaten, indem ſie die Küſten-Vertheidigung als eine Sache des
deutſchen Bundes in Anſpruch nahmen, bei der Bundesverſammlung
einleitende Schritte zum Schutze der norddeutſchen Küſten. Am 26.
Januar 1860 wurde Preußen ſeinem Verlangen gemäß die Weiter-
führung der Sache übertragen, worauf neue Verhandlungen mit den
betheiligten Staaten ſtattfanden. Nachdem ſodann im Mai und Juni
deſſ. J. eine Kommiſſion preußiſcher Offiziere die Küſten der Nord-
und Oſt-See bereiſt hatte, wurden am 12.—20. Juli 1860 die
preußiſchen Anträge dem Bunde übergeben. Den 26. Juli begannen
die Bundesferien. Am 8. Dezember erhielt die Bundesmilitäkommiſſion
Auftrag zur Begutachtung, und nach weiteren vier Monaten erfuhr
man, daß jene Kommiſſion, worin wohl kaum ein mit Marineſachen
betrauter Offizier ſaß, die preußiſchen Anträge einfach zur Annahme
empfohlen habe. In welchem Stadium ſich zuletzt die Sache befand,
namentlich ob Hannover auf das beanſpruchte Admiralitätsrecht in
der Nordſee verzichtet habe, iſt dem Verfaſſer dieſes unbekannt.

Die häßlichste Frage war immer die von der obersten Leitung des Bundesheers, welche keiner der beiden Großstaaten dem
andern überlassen wollte. Als im Jahr 1840 Deutschland von einem
Kriege mit Frankreich (unter dem Ministerium Thiers) bedroht war,
vereinigten sich für diesen Fall Oesterreich und Preußen zu einem
getheilten Kommando. Doch war jenes selbst nicht sicher, ob es bei
Beginn des Kriegs sofort zur Hand sein würde. „Anfangs" — so
wurde deßhalb bestimmt — sollte das 7. und 8. Armeekorps eine
selbständige Aufstellung am Oberrhein nehmen, bis die größeren
österreichischen Streitkräfte dazu gestoßen wären, wo dann Oesterreich
das Oberkommando dort übernommen hätte. Eine zweite Armee
sollte am Mittelrhein und eine dritte am Niederrhein aufgestellt
werden. Diese beiden unter dem Oberbefehl des Königs von
Preußen; doch sollte Oesterreich der Armee des Mittelrheins eine Abtheilung seines Heers beigeben, um dort, geeinigt mit den preußischen
und den Bundestruppen, für die Sache Deutschlands einzustehen.
Auch im Jahr 1848 wurde von den beiden Großmächten für den
Fall eines Konflikts mit Frankreich die Verpflichtung eingegangen,
mit ihrer gesammten Heeresmacht einzutreten; sie hatten deßhalb eine
getrennte Aufstellung der Armeen in Aussicht genommen; die Frage
von dem Oberbefehl über die Gesammtmacht wurde wieder offen gelassen und kam auch nicht zur Lösung bei dem Ausmarsch von Truppen-
Abtheilungen fast aller Bundesstaaten nach Schleswig-Holstein; es
kam hier der §. 46 der Kriegsverfassung zur Anwendung, welcher so
lautet: „In Fällen, wo man nur einen Theil des Bundesheeres zu-
sammenzuziehen für nöthig findet, bleibt es der Beschlußnahme der
Bundesversammlung vorbehalten, wegen des Oberbefehls besondere
Verfügung zu treffen." Dieser partielle Oberbefehl wurde an Preußen
übertragen. — Die späteren Verhandlungen von 1860 und 1861,
wo im Hinblick auf die Vorgänge von 1859 die Organisation des
Bundesheers auch von den zu Würzburg versammelten Mittelstaaten
in Anregung gebracht wurde (diese wollten im Kriegsfalle die nicht
großstaatlichen Truppen unter einem eigenen, gemeinsamen Oberkom-

5

mando vereinigen) liegen noch-näher im Gedächtniß. *) Wir bemerken nur 1) daß Preußen wiederholt zur Theilung des Oberbefehls mit Oesterreich, im Fall dieses als Haupttheilnehmer mit auf dem Kriegs-schauplatz eintreten würde, sich bereit erklärte, was aber von Oester-reich nicht angenommen wurde, 2) daß Preußen auch den mittelstaat-lichen Regierungen auf die Mittheilung des Würzburger Entwurfs vom 5. August 1860, welcher die Verstärkung der Vertheidigungs-mittel des Oberrheins durch Vereinigung der militärischen Streitkräfte einzelner Bundesstaaten Nord- und Süddeutschlands bezweckte, entgegen kam, indem es denselben die bestimmte Zusage der unmittelbaren Mitwirkung preußischer Armeekorps auf jenem Kriegs-theater zur Vertheidigung des südlichen Deutschlands er-theilte. (Bundestagssitzung vom 13. Juni 1861.)

Mochte diese Zusage den Motiven des Würzburger Protokolls entsprechen oder nicht; jedenfalls hatte dieselbe mehr Realität für sich, als ähnliche allgemeine Zusicherungen Oesterreichs, das stets von so verschiedenen Seiten in Anspruch genommen war, daß man nie, auch 1859 nicht, von Seiten Preußens oder der Südstaaten auf ein Engagement desselben bauen konnte. Nicht ohne Grund wurde daher auch in einer Anzahl von Kundgebungen aus dem Süden und Nor-den Deutschlands im Jahre 1859 auf Preußen, als den einzigen Halt bei etwa ausbrechendem Kriege mit Frankreich hingewiesen. Insbesondere war in einer Ansprache württembergischer Staatsbürger und Landtagsmitglieder (Schwäb. Merkur v. 2. Juli 1859) gesagt: „Die Leitung Preußens ist zugleich eine Gewähr dafür, daß der Krieg in dem selbständigen Interesse Deutschlands geführt werden wird; denn es ist eine naturgemäße Wahrheit, welche von der preußischen Regierung nicht verkannt wird, daß die Interessen Deutschlands mit den wahren Interessen Preußens zusammenfallen und daß die Kraft dieses Staats durch dessen nationale Richtung bedingt ist." Nur für einen „nationalen" Krieg, nicht um durch dick und dünn mit Oester-reich zu gehen, wurde damals die Führung Preußens von Volkskreisen

---

*) S. die bereits citirte Flugschrift über die Bundeskriegsverfassung. Coburg 1861.

gewünscht; die Nation war aber nur bedroht, wenn Oesterreich in Italien siegte: denn alsdann hätte Oesterreich mit den befreundeten Mittelstaaten ohne Zweifel die im Beginn begriffene nationale Bewegung niedergeschlagen. Wenn schon der Prinzregent von Preußen geneigt war, an den Rhein vorzugehen, so hatten doch seine Minister Recht, ihn davon zurückzuhalten: denn wofür sollte das nichtangegriffene Deutschland kämpfen, etwa für die Herrschaft Oesterreichs in Italien, oder für die bereits angebahnte kirchliche Reaktion in Oesterreich und Teutschland? Und hatte denn der Bund Preußen die Führer= schaft angetragen? Oesterreich selbst wünschte sie nicht; sonst hätte es nicht in dem Augenblick, wo es Preußen dieselbe antrug, Frieden geschlossen. Auch jetzt noch, nachdem der deutsche Krieg zu Ende, können wir uns wohl freuen, daß der Ruhm der österreichischen Waffen in Italien zu Wasser und Land wiederhergestellt worden; aber beklagen werden wir nicht, daß die Gegensätze klarer geworden und daß Deutsch= land die Wahl zwischen zwei Hegemonen durch Oesterreichs eigene Entschließung erleichtert ist.

Das Eine steht jetzt fest: das Bedürfniß eines militärischen Halts an Preußen für Teutschland. Mit dem Bunde war, wie wir ge= sehen, nicht vorwärts zu kommen. Oesterreich ist durch seine ver= schiedenartigen Nationalitäten auch jetzt noch gebunden, nachdem es Venetien hinweggeschenkt hat, ohne dasjenige zu erreichen, was es damit bezweckte: ein Bündniß mit Frankreich. Es bleibt also nur derjenige deutsche Staat als Kern der Action, dessen militärische Kraft und Ueberlegenheit gegenwärtig von aller Welt anerkannt ist.

Das Endziel und die Wege dahin.

Es ist nicht zu läugnen: das nationale Einheitsstreben hat durch den Ausgang des deutschen Kriegs keine Befriedigung erhalten; im Gegentheil — äußerlich wenigstens — steht Deutschland jetzt zer= rissener da, wie vor dem Kriege. Auch der Freiheits=Gedanke

ist zur Zeit nicht ausgeführt: denn das Parlament, worin derselbe
nach den preußischen „Grundzügen" sich verkörpern sollte, steht noch
in weiter Ferne und wird vorerst nur dem norddeutschen Bundesstaate zugutekommen. Ueberdieß sind die Befugnisse des Parlaments in jenen Grundzügen so unbestimmt gelassen, wie die der
„Bundesgewalt". Dennoch können wir die Hoffnung auf eine Besse-
rung der deutschen Zustände nicht aufgeben; aber immer nur unter
der Voraussetzung, an welche wir früher dieselbe angeknüpft*), daß
kein Unterschied zwischen Norden und Süden, keine Mainlinie Platz
greifen, oder daß doch dieselbe baldigst wieder verschwinden werde.

Es wäre unbillig, von Preußen zu erwarten, daß die Arbeiten
für eine neue Organisation Deutschlands schon weiter gediehen sein
sollten. Riesenhaftes ist in kurzer Zeit vollbracht worden; aber die
Staatskunst räumt nicht so rasch auf, wie die Kriegskunst. Es wird
viele Geduld, Staatsweisheit und Vaterlandsliebe dazu gehören,
um das Angefangene mit Konsequenz und zugleich mit möglichster
Schonung von Einzelrechten würdig durchzuführen. Manches Ange-
wohnte wird dabei zu vergessen sein; aber Eines können wir nicht
vergessen, daß Preußen für den zerstörten deutschen Bund Deutschland eine neue Gesammtverfassung schuldig geworden ist und
daß es selbst diese Verpflichtung auf sich genommen hat. „S. M. der
König (so lautete die preußische Austritts-Erklärung vom 14. Juni)
will mit dem Erlöschen des bisherigen Bundes nicht zugleich die
nationalen Grundlagen, auf denen der Bund aufgebaut gewesen, als zerstört betrachten. Preußen hält vielmehr an diesen
Grundlagen und an der über die vorübergehenden Formen erhabenen
Einheit der deutschen Nation fest und sieht es als eine unab-
weisliche Pflicht der deutschen Staaten an, für die letztere den ange-
messenen Ausdruck zu finden. Die Regierung legt ihrerseits die
Grundzüge einer neuen, den Zeitverhälnissen entsprechenden Einigung
hiemit noch vor, und erklärt sich bereit, auf den alten, durch eine
solche Reform mobificirten Grundlagen einen neuen Bund mit denselben

---

*) Ueber die wahren Ursachen des deutschen Kriegs. 3. Aufl. S. 16.

deutschen Regierungen zu schließen, welche ihr dazu die Hand reichen wollen."

Man könnte vielleicht die preußische Regierung dieser ihrer Zusage für entbunden halten, weil der Bund nicht darauf einging, sondern mit dem Mobilisirungsbeschluß antwortete. Allein auch als der Krieg bereits ausgebrochen, die Grenzen Sachsens wie Hannovers von Preußen überschritten waren, erkannte sie die Nothwendigkeit, das nationale Gefühl für sich anzurufen. In dem k. Kriegsmanifest vom 18. Juni 1866 ward am Schlusse gelobt, daß falls der Sieg an die preußischen Waffen geknüpft sein werde, das Band, welches durch Lösung des deutschen Bundes zerrissen sei, in einer anderen Gestalt fester und darum dauernder werde erneuert werden.

Auch die preußische Thronrede bei Eröffnung der Kammer am 5. Aug. stellte die „nationale Entwicklung Deutschlands" und die Errichtung eines „einheitlichen Bundesheeres unter Preußens Führung" neben der Kräftigung des preußischen Staats, welche nothwendig ist, um seinen deutschen Beruf zu erfüllen, als Ziel der preußischen Politik dar. Die mit überwiegender Stimmenmehrheit beschlossene Antwortadresse des preußischen Abgeordnetenhauses vom 23. August 1866 aber schließt mit den Worten: „Durchdrungen von der großen Wichtigkeit der gegenwärtigen Epoche für das ganze deutsche Vaterland, bieten wir aus vollem Herzen unsere Mitwirkung zur einheitlichen und freiheitlichen Entwicklung desselben" *). Wir können uns zwar der Erkenntniß nicht verschließen, daß demselben noch große Schwierigkeiten entgegenstehen, und daß mit der Konstituirung des norddeutschen Bundes nicht bis zur Beseitigung derselben gewartet werden kann. Aber tief durchdrungen von der Nothwendigkeit eines nationalen Bandes **) zwischen dem Nor-

---

*) So wäre denn der Zweck der „Einigung und freiheitlichen Entwicklung des großen gemeinsamen Vaterlandes", welchen sich die „deutsche National-Partei" in ihrem Vereinsstatut vom 16. Sept. 1859 zu Frankfurt gesetzt hat, von der preußischen Volksvertretung anerkannt, obgleich die Wochenschrift des Nationalvereins noch immer in Preußen verboten ist.

**) Nach den vorausgehenden und nachfolgenden Worten darf der Sinn dieser

den und Süden des deutschen Vaterlandes, hoffen wir zuversichtlich, daß dasselbe in nicht allzuferner Zukunft geschlossen werden wird, namentlich dann, wenn die deutschen Stämme im Süden die schon jetzt in weiteren Kreisen empfundene Gefahr einer Zerreißung Deutsch= lands erkennen und dem Bedürfnisse einer nationalen festen Vereini= gung mit dem Norden einen aufrichtigen und unzweideutigen Aus= druck geben."

Nach diesen erfreulichen Aeußerungen ist an dem ernsten Willen der Regierung und des Volkes in Preußen, die nationalen Beziehungen zum deutschen Süden aufrecht zu erhalten und selbst das engere Bundesverhältniß auf denselben auszudehnen, nicht zu zweifeln. Aber 1) hat Preußen zur Bildung eines süddeutschen Bundes in dem Nikolsburger Vorfrieden seine Einwilligung erklärt; es muß also abwarten, ob ein solcher Bund zu Stande kommen, und in welche nationalen Beziehungen zu dem Norden er treten wird. 2) Sind schon die nächsten Aufgaben Preußens, seine territoriale Abrundung im Norden zu vollziehen und die im norddeutschen Bündnisse stehen= den Staaten in einem Bundesstaate zu vereinigen, so groß, daß man ihm Zeit hierzu lassen muß. Sodann aber hat 3) die Stim= mung im Süden, wie sie unter dem vereinten Chorus einer ultra= montanen, republikanischen und höfischen Presse entstanden ist, sich den preußischen Bestrebungen vor und während des Kriegs feindselig gezeigt. Dennoch hat der preußische Ministerpräsident Graf Bismarck am 18. August sich dahin ausgesprochen, daß die Art der nationalen Beziehungen des Südens zu dem Norden wesentlich davon abhänge, ob das Bedürfniß hiezu von Süddeutschland sowohl in seinen Regie= rungen, wie in seinen Völkerschaften lebhafter empfunden werde, als dieß gegenwärtig der Fall sei. — Wir sind hienach berechtigt anzuneh=

Worte nicht auf ein „nationales Band" mit einem selbständigen süddeutschen Bunde im Sinne des Nikolsburger „Einverständnisses" eingeschränkt werden, auch für den Fall, daß dieser süddeutsche Bund nicht zu Stande kommt oder die süddeutschen Staaten freiwillig sich dem Norden nähern. S. die Schrift über die Ursachen des Kriegs S. 22. Auch durch Vereinbarungen mit den Einzelstaaten kann das nationale Band befestigt werden.

men, daß es überwiegend der angeführte dritte Grund war, welcher
Preußen bestimmte, den bei den Friedenspräliminarien zu Nikolsburg
und dem Frieden zu Prag nicht vertretenen süddeutschen Staaten die
Gründung eines eigenen Bundes zu überlassen und daß es nur eine
der gewohnten Zwecklügen ist, wenn in öffentlichen Blättern fort und
fort behauptet wird, daß in einer Abneigung der preußischen
Regierung und des preußischen Volks gegen den deutschen Süden
der Grund für die Ausschließung der Südstaaten zu suchen sei. An
dem Süden wird es liegen, jeden Zweifel über seine deutsche Gesin‑
nung niederzuschlagen, und nicht blos, offen zu erklären, wie be‑
reits eine öffentliche Versammlung zu Stuttgart am 12. Juli unter
allseitiger Uebereinstimmung der Anwesenden gethan*), an der politischen
Verbindung mit dem deutschen Norden festhalten zu wollen, son‑
dern auch bestimmt seinen Willen für den Anschluß an den deutschen
Bundesstaat unter diplomatischer und militärischer Führung
Preußens kundzugeben. Keinen Zweifel über diesen Willen ließen
die Resolutionen verschiedener Volksversammlungen in Bayern und
auch in dem von der Kölner Zeitung hart angeklagten Schwaben**).
Besonders werthvoll ist aber der mit großer Mehrheit angenommene
Ausspruch der bayerischen Abgeordnetenkammer: daß der enge An‑
schluß an Preußen allein der Weg zum Endziel sei, Deutschland unter
Mitwirkung eines freigewählten, mit den nöthigen Befugnissen aus‑
gestatteten Parlaments zu einigen, die nationalen Interessen wirksam
zu wahren und etwaige Angriffe des Auslandes erfolgreich abzuwehren.
Es wird Pflicht der in Bälde zusammentretenden württembergi‑
schen, badischen und hessendarmstädtischen Kammern sein,
dieser Ueberzeugung gleichfalls einen authentischen Ausdruck zu geben,
und die dortigen Regierungen zu veranlassen, in Berlin für die Ver‑
einigung der süd‑ und norddeutschen Staaten unter einer deutschen
Centralgewalt und einem deutschen Parlamente Schritte zu thun.

*) Die damalige Neue Frankfurter Zeitung hat dieser Erklärung den zurückge‑
zogenen Antrag der radikalen Partei (sog. Volkspartei) substituirt.
**) Z. B. Erklärungen von Versammlungen zu Stuttgart und Plochingen im
August 1866.

Oder wäre es an der Zeit, mit Herrn v. d. Pfordten zu warten, bis der norddeutsche Bund sich gebildet hat, bis überhaupt die künftigen deutschen Verhältnisse klarer geworden sind? Wäre es klug, Preußen und seinen Verbündeten die deutsche Arbeit allein zu überlassen? Wird es andererseits Preußen möglich sein, die Einigung Deutschlands unter den Augen des eifersüchtigen Auslandes zu vollbringen? Wird es sich dabei, wie in dem letzten Kriege, blos auf seine eigene Kriegsmacht stützen? Schon einmal, nach Auflösung des deutschen Reichs, ward ein Versuch gemacht mit einem norddeutschen Bunde, im Gegensatz zu dem französischen Rheinbunde. Preußen und die Kurfürsten von Sachsen und Hessen sollten das Direktorium bilden, Preußen zugleich die Rechte des Bundesoberhaupts mit der Würde eines Kaisers von Norddeutschland besitzen, wofür — so sagte man — Kaiser Napoleon I. schon seine Zustimmung gegeben hatte. Außer den genannten „vorzüglichsten Gliedern" wurden dem Bunde vorläufig beigezählt: Dänemark wegen Holstein, Schweden wegen Pommern, die sächsischen Herzogthümer, die beiden Mecklenburg, Oldenburg, der Fürst von Fulda und die Reichsstädte Hamburg, Lübeck und Bremen. Einige kleinere Grafschaften: Waldeck, Lippe-Detmold und Schaumburg, Schlitz, Pyrmont, Röttberg und Rheda sollten unter hessische Landeshoheit kommen, d. h. zu Gunsten Kurhessens mediatisirt werden. Die Grundzüge zu diesem norddeutschen Bunde, aus 24 Artikeln bestehend, waren am 24. August 1806 von dem preußischen Minister der auswärtigen Angelegenheiten, Grafen v. Haugwitz, dem kurfürstlich sächsischen Minister, Grafen v. Goerz, mitgetheilt worden*). Der Plan kam jedoch nicht zur Ausführung: denn bald erklärte Preußen, von Frankreich in seiner eigenen Existenz bedroht, diesem den Krieg. Am 14. Okt. 1806 wurde die Schlacht bei Jena geschlagen, in deren Folge der Frieden zu Tilsit vom 9. Juli 1807 die Monarchie Friedrichs des Großen bis auf die Hälfte zertrümmerte.

---

*) Dieselben finden sich abgedruckt in den Nouveaux Supplemens au Recueil de Traités par Martens tome 1. Göttingen 1839. S. 318.

Heute ist die Lage Preußens eine andere. Der in Uebereinstimmung mit Oesterreich und Frankreich angebahnte norddeutsche Bund erhält zunächst einen kräftigen Kern in dem vergrößerten preußischen Staatsgebiet mit einer Bevölkerung von nahezu 24 Millionen Seelen. Sodann wird das Machtgebiet Preußens erweitert durch die Verbindung mit den übrigen nord= und mitteldeutschen Staaten, deren Vertretung in militärischer und diplomatischer Beziehung jetzt schon von der Mehrzahl derselben dem König von Preußen zugestanden ist. Jene Staaten sind: Königreich Sachsen, beide Mecklenburg, Oldenburg, Luxemburg (?), Sachsen = Weimar, S. Koburg=Gotha, S. Altenburg, S. Meiningen, die beiden Reuß. Lippe, Waldeck, Anhalt, beide Schwarzburg, Darmstadt in Ansehung der Provinz Oberhessen, und die 3 alten Hansestädte Hamburg, Lübeck und Bremen; zusammen mit einer Bevölkerung von 6,500,000 Seelen. So gebietet also der König von Preußen jetzt schon, wenn wir den Widerstand des Königs von Sachsen als beseitigt voraussetzen, in militärischer Beziehung über eine Bevölkerung von 30½ Millionen, welche nach dem seiner Zeit von der deutschen Nationalversammlung angenommenen Maßstab von 2% eine active Heeresmacht von 600,000 Mann abgeben würde, nach preußischen Einrichtungen von 900,000. Kommen hierzu noch die südwestlichen Staaten Bayern, Württemberg, Baden und Hessen=Darmstadt (das diesseits main'sche Gebiet) mit einer Bevölkerung von weiteren 8½ Millionen, so haben wir, nach Ausscheidung von Deutschösterreich, an dessen Stelle die Provinzen (Ost= und West=) Preußen, Posen und Schleswig treten, immer noch einen Staatenkomplex von 39 Millionen (statt bisheriger 46 Millionen) und eine Heeresmacht von 780,000, nöthigenfalls von 1,200,000 Mann. Ein solcher neuer Bund oder Bundesstaat, einheitlich organisirt und geleitet, hat sich vor keinem fremden Angriffe zu fürchten. Er wird aber auch nicht Andere angreifen: denn er bedarf keiner Vergrößerung, um sich sicher und unabhängig zu fühlen und mit befreundeten Nachbarstaaten in Werken des Friedens zu wetteifern, welche der Krieg leichter zerstört, als sie der Frieden wiederherstellt. Preußen ist aber vor einem neuen Rheinbunde mit Frankreich,

ober vor einem Donaubunde mit Oesterreich nicht sicher, so lange
die südbeutschen Bevölkerungen nicht durch dieselben staatlichen In=
teressen mit dem Norden verbunden, sondern auf die Seite gestellt und
durch öffentliche Stimmen im Norden, wie die Kölner Zeitung, Berliner
Kreuzzeitung, sogar die Weserzeitung, gereizt sind. Ein internationales
Bündniß mit dem Süden und die prekäre Betheiligung des letzteren
an dem Zollverbande geben noch keine Gewähr. Man weiß, daß auch
Zusagen „ewiger Freundschaft" unter Staaten gelöst worden sind,
wenn Mißstimmungen stattfanden, oder andere Verhältnisse eintraten,
welche lockender erschienen. Würde die südbeutsche Staatengruppe, —
was Gott verhüten wolle —, sich in einem Kriege Preußens mit Frank=
reich neutral verhalten, oder gar, wie öfter geschehen, auf die Seite
des Gegners schlagen, so machte dieß eine Differenz im ersten Falle
von 170,000, im zweiten von 340,000 Mann, welche der norbbeutsche
Bund mehr gegen den Feind zu stellen hätte. So weit wird es
hoffentlich nicht kommen, wenn auch der Constitutionel durch seine
offiziöse Versicherung (15. August 1866): daß Frankreichs wahres
Interesse nicht in irgend einer unbedeutenden territorialen Ver=
größerung bestehe, sondern darin, Deutschland zu unterstützen, daß
es sich in der seinen eigenen sowie Europas Interessen vortheil=
haftesten Weise konstituire — noch nicht alle Gemüther beruhigt hat.
Wir verlassen uns auch nicht auf bloße Worte, wie die v. d. Pforbten's:
im Falle eines Kriegs gehöre die bayerische Macht Gesammtbeutsch=
land. Was uns allein auf die Dauer schützen, halten und verbin=
den kann, ist nebst dem im Süden wie im Norden trotz aller Stammes=
vorurtheile verbreiteten Bewußtsein der Zusammengehörigkeit,
die Einsicht von den großen wirthschaftlichen und staatlichen Vortheilen,
welche aus der engeren Verbindung allen Theilen Deutschlands erwach=
sen würden. Daher wird sich auch jede auswärtige Macht und jede ein=
heimische Regierung wohl besinnen, ehe sie dem „Recht der deut=
schen Nation, zu existiren, zu athmen und sich zu einigen",[*] offen

---

*) Worte des Grafen v. Bismarck in der Kommission des preußischen Abge=
ordnetenhauses wegen des Annexirungsgesetzes. Schon die preußische Cirkulardepesche
vom 23. Jan. 1849 erklärte: die deutsche Nation sei zur Forderung der Einigung

entgegentritt. Die Einigung muß aber selbstverständlich eine freie sein und auch das Parlament hat nur Werth, wenn ihm mindestens die Mitentscheidung in Fragen der Verfassung, Gesetzgebung und Abgabenverwilligung übertragen wird. — Wenn auch das Schicksal einzelner Staaten soeben noch durch kriegerische Gewalt bestimmt wurde, die Einigung der Nation kann doch nur durch ihren Gesammtwillen in deutschen Parlamente vollbracht werden.

Nun müssen wir noch ein Wort richten an die süddeutschen Regierungen. Gewiß liegt es im eigenen Interesse dieser Regierungen, für eine friedliche Verständigung mit dem Norden auch in Bezug auf die künftige deutsche Verfassung Schritte zu thun: denn nicht nur würde dadurch der Gefahr einer Zerreißung Deutschlands, es würde damit auch der politischen Unruhe und Unzufriedenheit am besten begegnet. Auch daß solche Schritte bald und von den süddeutschen Regierungen gleichzeitig geschehen, bevor noch der norddeutsche Bund zum festen Abschlusse gelangt, fordert die Lage der Sache. Sie würden nämlich bei einer Theilnahme an der Konstituirung des Bundesstaates mehr Aussicht haben, von ihren Rechten zu retten, als dieß später der Fall wäre, wo es sich nur davon handeln würde, den bereits gefaßten Beschlüssen beizutreten. Würde wirklich der norddeutsche Bund in's Leben treten und der Süden längere Zeit von demselben getrennt sein, so ist nicht zu zweifeln, daß dort mehr und mehr eine preußische Alleingewalt sich ausbilden würde. Schon von vorn herein wäre das Uebergewicht Preußens in dem norddeutschen Bund so bedeutend, daß es jede Entscheidung im Rathe des Bundes und im Parlamente, wo neben 235 Preußen nur 56 aus dem übrigen Norden sitzen werden, in der Hand hat. Anders würde sich die Sache gestalten, wenn die süddeutschen Staaten mit den norddeutschen gemeinsam in das

berechtigt. Auch der Erlaß des preußischen Ministerpräsidenten vom 14. Mai 1849 an den Bevollmächtigten bei der provisorischen Centralgewalt erkennt die Einheitsbestrebungen der sich als eines fühlenden Nation als berechtigt an, und der Erlaß des preußischen Ministerpräsidenten an den k. Gesandten in Wien vom 25. deff. Mts. sagt richtig: die Forderung auf deutsche Einheit nicht befriedigen, heiße immer nur Krisen für die Zukunft vorbereiten.

engere Bundesverhältniß träten. Hier könnten sie, Sachsen zur Seite,
immer noch eine Rolle spielen und praktischen Einfluß auf die Ent=
scheidungen gewinnen. Auch im Parlamente würden die Abgeordneten
aus den nichtpreußischen Staaten eine respektable Anzahl bilden und
dem preußischen Junkerthum, welchem vorzugsweise das Mißtrauen
im Süden gilt, die Stange halten. Wenn die süddeutschen Regierungen
dem Föderativstaate entgegenarbeiten und andererseits Preußen die
neuen Lande mit ihrem Loose zufriedenstellt, indem es dieselben nicht
einer schlimmeren Verfassung unterwirft, als ihre bisherige war,
kurz wenn Preußen seine eigene Verfassung in Deutschland zur besten
macht, so verfällt Deutschland dem Einheitsstaate.

Aber nicht blos die Regierungen und Stände, auch die Be=
völkerungen und die Organe der Presse haben gegenseitig dazu bei=
zutragen, daß der Weg zur deutschen Einigung angebahnt werde. Nicht
durch eitle Anklagen über meist erfundene Vorgänge in dem andern
Lager und durch tapfere Reden, was man Alles gethan hätte, wenn
man nur erst mehr gerüstet und besser geleitet gewesen wäre, werden
die Verhältnisse besser, sondern dadurch daß man Hand anlegt an
die Verbesserung der eigenen Zustände, was aber freilich wieder
manche persönliche Opfer kosten wird, welche die preußischen Staats=
bürger in ihrer Landwehr nun schon seit vielen Jahren willig gebracht
haben. Da der Verfasser dieses selbst Schwabe ist, so darf er wohl
noch zufügen: es liegt in dem Charakter vieler seiner Landsleute, ihre
besten Freunde gerne zu necken und mit stichelnden und stachelnden
Reden zum Kampfe herauszufordern. Wenn dieß im trauten Kreise
und in scherzhaftem Tone geschieht, so liegt darin ein Anlaß
zur Munterkeit und geistigen Gymnastik, und es wird nichts nachge=
tragen, sondern nur allenfalls in gleicher Weise Vergeltung genommen.
Wenn jene Gewohnheit aber auf das jetzt so sehr angebaute politische
Feld übertragen wird, wenn ähnliche Worte gedruckt und hinüberge=
rufen werden über die Grenze, oder wenn gar im Namen einer
ganzen Partei die Freunde der andern persönlich angegriffen wer=
den, statt sich an die Lebensregel zu halten, nicht von Personen son=
dern von Sachen zu reden, so entsteht bleibende Bitterkeit, Einseitig=

keit und daraus die Unfähigkeit, ruhig über öffentliche Dinge zu ver=
handeln, auf Seite auswärtiger Beobachter aber, welche uns in diesem
Treiben sehen, eite schonungslose Beurtheilung des ganzen Stammes
oder Landes, woraus so muntere politische Zeisige ausfliegen. Ernster
wird noch die Sache, wenn konfessionelle Gegensätze sich auf die po=
litischen Streitfragen werfen, wenn eine organisirte Partei, wie die
der Klerikalen oder die der radikalen Föderalisten sich mit den blinden
Verehrern des Bestehenden verbinden und nun über die sog. nationale
oder deutsche Partei herfallen. Hier hört dann freilich die berühmte
schwäbische Gemüthlichkeit auf; wie kann man aber hoffen, in einem
deutschen Parlament sich mit uns zu einigen, wenn wir schon in dem
kleinen Lande uns zerfleischen? Ein Bund zwischen so entgegengesetzten
Parteien hat zwar noch nie lange angehalten, noch weniger Ehre ge=
bracht; aber es wäre die Aufgabe einer wahren Volkspartei, die
verschiedenen Kreise des Volkes darüber aufzuklären, daß ihr Interesse
nicht liegen kann in einer Verbindung mit der österreichischen Regierung,
die uns selbst verlassen und aufgegeben hat, auch nicht in der Uebertragung
des lange verschrieenen Föderalismus auf einen Verein von wenigen
Mittelstaaten, sondern in dem festen Anschluß an einen großen deutschen
Staat, der auf der Bahn des Fortschrittes begriffen ist und allein
die Ordnung und die Freiheit verbürgen kann.

Und nun die Mittel und Wege zu diesem Endziel? Wir
verlangen natürlich nicht, daß unsere Regierungen mit gebundenen
Füßen in den Bund hineinspringen sollen. Aber wir wünschen, daß
man keinen Zweifel lasse über ihre Bereitwilligkeit, sich anzuschließen
und daß man keinen Anstand nehme, Preußen eben so freundlich ent=
gegenzukommen, wie dasselbe dem Süden entgegengekommen ist mit
den oben angeführten öffentlichen Erklärungen. Dann wird, wenn
es auch zu einem vorläufigen Zusammentritt des norddeutschen Bundes
kommt, dieser dem Süden den Beitritt offen stellen. Jedenfalls trifft
den Süden nicht der Vorwurf, daß er den Norden zurückgewiesen
habe und Schuld trage an der Spaltung mittelst einer Opposition,
die wohl berechtigt war gegenüber von einem Regierungssystem, das
den Volksrechten entgegen ist, nicht aber gegenüber von einem ganzen

Staate, der mit veralteten politischen Ueberlieferungen bricht und selbst die Schranken niederreißt, welche deutsche Völker von einander getrennt haben.

Aber auf welcher Grundlage soll die Einigung stattfinden? Eine Verständigung über die Verfassungs-Vorlage bei dem Parlament ist ja auch unter den norddeutschen Staaten noch nicht erfolgt. Selbst ein preußischer Entwurf, außer den ungenügenden „Grundzügen“, existirt, wie es scheint, nicht. Ist dieß aber ein Grund, davon zu bleiben? Je weiter die Sache in ihrer Entwicklung zurück ist, um so mehr Einfluß auf ihre Gestaltung läßt sich noch gewinnen. Die Bismarck'schen Grundzüge konnten einzelnen Regierungen wohl Bedenken erregen wegen der preußischen Heeresleitung; wenn sie aber dieses überwunden haben — und es scheint, daß dieß der Fall sei — so fragt es sich mehr nur: werden die Völker, als werden die Regierungen auf jener Grundlage verhandeln wollen? Mit Recht hat Graf Bismarck im preußischen Abgeordnetenhaus den Gedanken zurückgewiesen, daß auch noch den einzelnen Landesvertretungen die neue Verfassung vorzulegen sei; es muß genügen, wenn die Abgeordneten im Parlament ihre Zustimmung gegeben haben. Aber wenn das Parlament Nein! sagt zu dem Entwurfe oder Gegenanträge stellt, und alsdann wieder eine Einigung unter den Regierungen hierüber erstrebt wird, darf dann schon eine einzige durch ihren Widerspruch das Ganze hindern oder gilt die Mehrheit auch bei der Konstituirung des Bundes? Wenn man sich der Schwierigkeiten erinnert, welche jede Verbesserung am Bunde durch das liberum veto der Einzelstaaten erfahren hat, so ist es wohl erklärlich, wie die Nationalversammlung i. J. 1848 für sich allein das Werk in die Hand nahm, und doch hat auch dieses souveräne Parlament beinahe ein Jahr gebraucht, bis es mit der Berathung und Beschlußfassung über den Entwurf der Vertrauensmänner und seines eigenen Verfassungsausschusses zu Ende war. Eine solche abermalige lange Verhandlung über denselben Gegenstand wäre unerträglich. Es wäre aber auch gefährlich, wenn uns eine europäische Krisis überraschte und die Nation sich alsdann noch nicht geeinigt hätte!

Wäre es denn nicht geeignet (wir wiederholen hier, was der Verf. dieses schon in der früheren Schrift über die Ursachen des Kriegs angedeutet) — auf das bereits 1849 von der Mehrheit der Nationalversammlung und von 29 souveränen deutschen Staaten angenommene Verfassungswerk, welchem auch Graf Bismarck manche Vorzüge zuschrieb, zurückzugreifen, sei es auch nur um eine vollständige Grundlage für die Verhandlungen des konstituirenden Parlaments zu haben? Man ist zwar in den entscheidenden Kreisen gar sehr geneigt, die Reichsverfassung von 1849 als ein Produkt des demokratischen Doctrinarismus über alle Häuser hinauszuwerfen. Aber auch die altliberale, auch die preußische Partei in Frankfurt hat damals für dieselbe gestimmt, wenn sie gleich nicht in allen Stücken damit einverstanden war. Und es könnte die Zeit kommen, wo man jene Verfassung höheren Ortes zurückwünscht! Der Reichstag, wie ihn dieselbe zusammensetzt, mit seinen beiden Abtheilungen, dem Staatenhaus und dem Volkshaus, entspricht der doppelten Rücksicht auf Vertretung der Einzelstaaten und der nationalen Gesammtheit, also dem ächten Föderativstaat, welcher mit dem unlenkbaren Staatenbunde nicht zu verwechseln ist. Die Grundrechte des deutschen Volks, welche gleichfalls in der Reichsverfassung stehen, sind großentheils der belgischen Verfassung entnommen, welche in den erregtesten Zeiten die Probe bestanden hat, und so sehr jene Grundrechte anfänglich manche Interessen verletzten, so sind sie doch großentheils durchgeführt und die übrigen nicht länger zu verweigern. Auch in der preußischen Verfassung sind viele derselben unter dem Titel II. „von den Rechten der Preußen" stehen geblieben. Ja das heutige Preußen hat sich nicht gescheut, auf das gefährlichste Experiment des Jahrs 1849, das Reichswahlgesetz, zurückzugreifen. Warum sollte nicht auch die Verfassung selbst, woran so viele edle und bedeutende Kräfte gearbeitet, eines gleich großartigen Wurfes werth sein, wenn dadurch das Volk im Süden wie im Norden gewonnen und die Bismarck'sche Revolution in die Bahn des Gesetzes geleitet werden könnte?

Inhalt.

Die wahren Ursachen

des

Deutschen Kriegs.

Was werden wir thun?

Von

A. L. Reyscher.

Dritte, vermehrte Ausgabe.

Stuttgart.
Verlag von A. Kröner.
1866.

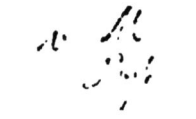

Der fabelhafte Siegeslauf der preußischen Armeen, vom Ueber=
schreiten der sächsischen Grenze am 16. Juni an, hat wohl schon
manche Umwandlung in der öffentlichen Stimmung nach sich gezogen;
doch stehen sich, wenigstens im südwestlichen Deutschland, wie die
Versammlung zu Stuttgart am 12. Juli gezeigt hat, und wie einige
Blätter, z. B. der „Beobachter", die jetzt in Stuttgart erscheinende
„Neue deutsche Zeitung" (der Staatsanzeiger hat einstweilen seinen
Redacteur gewechselt), noch täglich darthun, die politischen Parteien
noch unversöhnt gegenüber. Die Presse darf daher nicht müde werden, die Lage der Sache aufzuklären und einseitige Urtheile zu be-
richtigen, wie dieß im Jahr 1859 bei dem italienischen Kriege, wo
die Wogen in Württemberg und Bayern sehr hoch gingen, von dem
Verfasser dieses geschehen ist.*) Wie damals, so geht dieser auch jetzt
wieder von der Ansicht aus, daß jede Krankheit, auch eine Staats=
krankheit, nur zu heilen ist mit Rücksicht auf die Ursachen, woraus
sie hervorgegangen. Es muß daher kurz erinnert werden an die
politische Lage, worin sich Preußen und worin sich Deutschland be=
fanden nach dem Mißlingen der Bewegung vom Jahr 1848 und 1849,
nach der Wiedereinsetzung des Bundestages im Jahr 1850.

König Friedrich Wilhelm IV., welcher die deutsche Krone, dar=

---

*) „Die Garben in Mailand." „Was bedeutet der Kampf in Italien und was
ist erreicht?" „Deutsches Kriegsheer und Parlament." „Wer ist getäuscht?" Beobachter
136, 167 und 168, 172, 177. Vergl. die Verh. der württ. Abgeordneten über die
Kriegsrüstungen v. 2. Mai 1859, S. 2722, 2728.

gebracht von einer kleinen Mehrheit der Nationalversammlung zu
Frankfurt, ausgeschlagen, sodann aber, nach dem Rathe von Radowitz,
versucht hatte, eine freiwillige Union mit 28 deutschen Fürsten, die sich
ihm anschlossen, zu gründen, verwand die ihm in Folge dessen zu War-
schau und Olmütz bereitete Demüthigung theils aus Furcht vor einem
Kriege mit Oesterreich und den Mittelstaaten, theils aus Abneigung
vor der Revolution, die er in dem deutschen Parlamente und auch
noch in dessen Ableger zu Erfurt verkörpert sah, theils endlich (un-
glaublich, aber doch wahr) im romantischen Rückblick auf alte Zeiten,
wo der Kurfürst von Brandenburg, als des Reiches Kämmerer, dem
Kaiser das Wasser bot. Alles geschah jetzt, um Oesterreich zufrieden
zu stellen. Preußische Pioniere halfen den österreichischen Truppen über
die Elbe, um Schleswig-Holstein an die Dänen auszuliefern. In
Hessenkassel ging der preußische Kommissär, Herr v. Peuker, Hand
in Hand mit dem österreichischen Kommissär bei Vollziehung der
Bundesbeschlüsse, welche bezweckten, das Land für seine Anhänglichkeit
an Gesetz und Verfassung und — für seine Theilnahme an der
preußisch=deutschen Union mit Aufhebung der Verfassung und mehr-
jährigem Kriegszustand zu bestrafen. Der preußische Minister Man-
teuffel folgte dem Fürsten v. Schwarzenberg nach Dres-
den zu den Konferenzen über Revision der Bundesverfassung und
erlangte nicht einmal, was schon 1815 von Oesterreich zugesagt, aber
nachher wieder zurückgenommen worden war — ein gemeinschaftliches
Präsidium am Bundestage. Preußen ging sogar so weit, Oesterreich
den Eintritt in den Bund mit seiner gesammten Monarchie zuzuge-
stehen, was jedoch, wie überhaupt die ganze armselige Dresdener
Revision, an dem Widerstreben der Mittelstaaten glücklich noch
scheiterte.

Ein Stachel blieb aber in der Brust des Königs von Preußen
bis zu seinem Tode zurück, und auch das preußische Volk sah sich
gekränkt durch die politische Niederlage, welche ganz Deutschland getroffen hatte, obgleich man sich sagen mußte, daß das preußische Kabinet sie durch sein schwankendes Verhalten mitverschuldet habe, oder
richtiger, daß mit dem schwankenden König die Reichsverfassung gegen

ben Willen der Großmächte und der deutschen Mittelstaaten gar nicht durchzusetzen war. Wie im übrigen Deutschland, so folgte auch in Preußen selbst eine politische Reaktion, welche, wenn auch nicht, wie in Oesterreich, die Beseitigung, so doch eine wesentliche Schmäle=rung der Verfassung bewirkte, worunter das Land noch jetzt zu leiden hat.

Nachdem Preußen ebenso wie in den Jahren 1815—40 sich in das Schlepptau von Oesterreich hatte nehmen lassen, wurde Herr v. Bismarck nach Frankfurt geschickt, der hier die diplomatische Laufbahn als Gesandter begann und bald seine Aufgabe darin er=kannte, eben so sehr gegen Oesterreich und gegen den von diesem ge=leiteten Bund zu sein, wie er früher als Mann der Junkerpartei für Oesterreich und gegen das Parlament gewesen war. „Wie Schup=pen war es ihm von den Augen gefallen," so soll er sich vor Kurzem über seine Heilung am Bundestag von der früheren Verblendung ge=gen den Berichterstatter des Siècle ausgedrückt haben. Genauer sprach er sich in einem Briefe aus Petersburg an den preußischen Minister v. Schleinitz vom 12. Mai 1859 über seine Erfahrungen in Frankfurt dahin aus: „In den acht Jahren, welche ich in Geschäften zu Frank=furt hingebracht habe, hat das Resultat aller meiner Erfahrungen mir die innigste Ueberzeugung verschafft, daß die gegenwärtige Or=ganisation des Bundes für Preußen in Friedenszeiten eine Last und in kriegerischen Zeiten eines der gefährlichsten Bande ist, ohne uns dafür dieselben Vortheile zu sichern, welche Oesterreich daraus zieht, indem es dabei eine verhältnißmäßig weit größere Unabhängigkeit sich erhält. Die beiden (deutschen) Großmächte werden von den Fürsten und Regierungen der Mittelstaaten nicht in gleicher Weise beurtheilt. Die Auslegung des Zwecks und der Gesetze des Bundes richtet sich nach der österreichischen Politik." Herr v. Bismarck war em=pört bei dem Gedanken, daß durch eine Majorität am Bunde und mittelst einer durch österreichischen Einfluß mißleiteten Presse der preußische Staat gegen seinen Willen und seine Interessen in einen Krieg hineingezogen werden könnte, und er meinte, daß auch preußi=scher Seits auf die Presse, obgleich er auf ihre Unabhängigkeit keine großen Stücke hält, mehr eingewirkt werden sollte. Das Hauptmittel gegen die herrschende Bundeskrankheit fand er aber in einer Heilung ferro et igni, wozu die gelegene Zeit abzuwarten wäre. Schon die einfache Auflösung des Bundes, meinte er, wäre ein Gewinn für Preußen, das alsdann mit den deutschen Nachbarstaaten in bessere und natürlichere Beziehungen treten könnte. Er faßte aber auch schon die Eventualität eines neuen deutschen Bundes in das Auge, indem er beifügte: „wenn wir mit unsern Vaterlandsgenossen auf eine engere und praktischere Weise verbunden sein werden, dann erst werde ich gerne auf unsern Bannern das Wort „deutsch" statt „preußisch" lesen;" jenes Wort verliere aber seinen Zauber, wenn es fälschlicherweise angewendet werde auf den gegenwärtigen Bund.

Dieses vertrauliche Schreiben, welches erst vor Kurzem durch einen Abdruck in dem Journal des débats vom 13. Juni 1866 bekannt geworden, enthüllt vieles in der Bismarck'schen Politik. Dasselbe erklärt zunächst, aus welchen Gründen Preußen bei dem italienischen Kriege im Jahre 1859 neutral geblieben ist, so sehr auch die Volksstimmung im südlichen Deutschland damals auf eine Theilnahme zu Gunsten Oesterreichs, und zwar, wie Einzelne wollten, durch einen direkten Vormarsch nach Paris (!) hintrieben. Wäre Bismarck am Ruder gesessen, so hätte jedenfalls über die Absichten in Berlin kein Zweifel entstehen können. Indessen war Bismarck damals noch weit von der Verwirklichung seiner Plane entfernt. Um die Zeit der Zusammenkunft Napoleons III. mit dem Prinzregenten von Preußen im Sommer 1860 rieth er auf's Dringendste zu einer Annäherung an Frankreich, wodurch Preußen — so meinte er — seinen gefährlichsten Nachbar für eine deutsche Einheit ebensowohl günstig stimmen könnte, wie Viktor Emanuel denselben für die Einheit Italiens gewonnen hatte. Aber der Prinzregent, welcher gleich nach Uebernahme der Regentschaft ein liberales Ministerium eingesetzt und dadurch moralische Eroberungen gemacht hatte, widerstand und antwortete kurz: „Unsinn." Bismarck reiste wieder nach Petersburg, woher er gekommen war.

Der Prinzregent hatte in die Zusammenkunft mit Napoleon nur gewilligt unter der Voraussetzung, daß auch einige andere deutsche Fürsten zugegen seien. Kaum aber hatten die Monarchen das schöne Baden verlassen, so kam wieder die Eifersucht und das Mißtrauen der mittleren, kleinen und kleinsten Fürsten in offiziösen Blättern (z. B. dem württembergischen Staatsanzeiger) zum Vorschein. Aus hohem Munde wurde sogar die Aeußerung vernommen: „Lieber französisch, als preußisch!" — Worte, welche im Munde eines späteren württembergischen Ministers noch einen schärferen Zusatz erhielten und in dem offiziellen Blatte Württembergs mit Wärme gerechtfertigt wurden, obgleich eine weit gelindere Aeußerung, welche der hannover'sche Minister v. Borries zuvor gethan, eine allgemeine Entrüstung in Deutschland hervorgerufen hatte. Diese Aeußerungen blieben in Berlin, wohin sie abressirt waren, nicht unbeachtet, erzeugten aber eine nicht beabsichtigte Wirkung, indem Preußen nunmehr die freundlichsten Beziehungen mit Frankreich anknüpfte und damit den Mittelstaaten zuvorkam. Bismarck ward Gesandter in Paris und, nachdem er dort das Feld für sich günstig gefunden hatte, Minister-Präsident in Berlin.

Bismarck adoptirte zunächst in der deutschen Frage den Standpunkt, welchen sein unmittelbarer Vorgänger im auswärtigen Amte, Graf v. Bernstorff, in einer Cirkular-Depesche an die Gesandten vom 20. Dez. 1861 vorgezeichnet hatte. Darin waren die Vermittlungsvorschläge des k. sächsischen Ministers v. Beust, bezweckend einige Veränderungen in der Bundesverfassung, abgelehnt und folgende Grundsätze als maßgebend für die preußische Politik aufgestellt worden: 1) der Bund muß auf seine rein (?) völkerrechtliche Grundlage zurückgeführt werden, und es sind die Bundesverträge auf die Bestimmungen einzuschränken, welche die Integrität und die Sicherheit der Bundeslande garantiren; 2) eine engere Vereinigung der Bundesstaaten in allen Materien, welche dem inneren Staatsrecht angehören, ist dem freien Vertragswege zu überlassen; 3) jede Umgestaltung des Bundes hat die realen Machtverhältnisse des Staates zum Ausgangspunkt zu nehmen. — Dieses Programm, welches dem bisherigen

beutfchen Bunb jebe Entwidlung in bunbesftaatlicher Richtung ab=
fprach, ftimmte in foferne mit bem 1848 aufgeftellten fog. Gagern=
fchen Programm überein, als es einen engeren Anfchluß beutfcher
Staaten unter bem preußifchen Staatsoberhaupt vorbehielt; aber
es unterfchieb fich barin von ben n a t i o n a l e n Beftrebungen, unb
noch mehr von ben Verfuchen ber für ihre Souverainetät beforgten,
wenn fchon einer eigenen Territorial=Erweiterung nicht abgeneigten
mittelftaatlichen Regierungen, baß es nicht ben Bunb zum Gegen=
ftanb einer Reform im bunbesftaatlichen Sinne machte, fonbern vor=
aus erklärte, baß bie Zufammenfaffung ftaatlicher Gegenfätze, welche
fchon ben bisherigen Organismus zu einem unmächtigen ftemple, nicht
weiter angeftrebt werben könne, baß vielmehr ber Bunb jener ftaats=
rechtlichen Attribute, welche ihm bie Bunbesakte unb bie nachgefolg=
ten organifchen Gefetze verliehen, zu entkleiben fei. Dies hing natür=
lich nicht von ber preußifchen Regierung allein ab, fonbern es gehörte
bazu nach ber Bunbesverfaffung Stimmeneinhelligkeit, wenn nicht bie
Veränberung etwa mit Gewalt burchgefetzt werben wollte. Dennoch
wollte bas Bernftorff'fche Cirkular auch nicht auf bem 1848 einge=
fchlagenen rabikalen Wege, mittelft einer hierzu berufenen confti=
tuirenben Nationalvertretung, zu einer engeren Einrichtung gelangen,
fonbern es follten Sonberverträge mit einzelnen Regierungen, ähnlich
ben Zollvereins=Anfchlüffen, bas Mittel barbieten, zunächft um bie
Wehrkräfte Preußens im Norden Deutfchlanbs zu verftärken; wogegen
Preußen fchon im Jahr 1859 bereit war, bie Führung bes 7. unb 8.
Armeekorps im Süben an B a i e r n zu überlaffen.

Eine kleine Schrift, welcher wir auch obiges Runbfchreiben ent=
nehmen, vertheibigte ben neuen Stanbpunkt ber Berliner Kabinets=
Politik unter bem Titel: „Ein preußifches Programm in ber beut=
fchen Frage", Berlin bei Springer 1862. Der anonyme Verfaffer
foll kein anberer fein, als ber Nachfolger Bismarcks auf bem Ge=
fanbtfchaftspoften zu Paris, Graf von ber Goltz, berfelbe gewanbte
Diplomat, welcher vor nicht langer Zeit, ehe noch bie gegenfeitige
Rüftungs= unb Abrüftungsfrage auftauchte, in Berlin anwefenb war,
nicht, wie bie Blätter behaupteten, um Bismarck zu erfetzen, fonbern

um sich bei ihm, wie es in wichtigen Fällen üblich, die Instruktionen für sein ferneres Verhalten zu holen. Ich notire aus dieser im entschiedensten Tone geschriebenen Schrift wenige Sätze, worin die neupreußische Politik zu erkennen ist: Ohne eine kräftige Konsolidirung Preußens ist eine Konsolidirung der deutschen Verhältnisse undenkbar. Der erste Schritt also, den Preußen zu thun hat, ist: sich selbst wiederzufinden, aus dem Katechismus seiner Politik die „moralischen Eroberungen", die „Sympathien Deutschlands" überall da auszumerzen, wo diese auf politischem Boden sehr ephemeren und sehr leicht wiegenden Früchte nur mit reellen und vollwichtigen Opfern zu erlangen sind. Ferner: „ein lakonisches Nein in Frankfurt und einzelnen Regierungen gegenüber in allen Angelegenheiten, die nicht mittelbar oder unmittelbar ein positives preußisches Interesse fördern — das ist unserer Ansicht nach das erste Wort zur Lösung des deutschen Räthsels." Der Schluß lautet: „Eine Lösung mit dem Schwerte steht der deutschen Frage hoffentlich nicht bevor. Wenigstens ist Preußen ihr schon einmal (1850) ausgewichen, als Oesterreich mit seinen süddeutschen Bundesgenossen nicht davor zurückschreckte. Ebensofern liegt Preußen die Anwendung revolutionärer Mittel. Was bleibt also übrig, als ein festes Vorgehen auf einem Wege, auf welchem Preußen zuerst sein eigenes Machtgebiet herstellen und sodann auch zwingende Momente finden kann, seinen Einfluß bei den Bundesgenossen wieder geltend zu machen."

Eines Kommentars zu diesen Rathschlägen oder Vorsätzen bedarf es nicht, und wenn einer vonnöthen, so ist derselbe durch die neuesten Vorgänge geliefert.

Das preußische Kabinet blieb nicht bei der Politik der Negation stehen. Es setzte den französischen Handelsvertrag im Zollvereine durch (1862), trotz der lebhaften Protestation Oesterreichs und der Opposition mehrerer Zollvereinsstaaten, welche den 1852 in Aussicht genommenen Beitritt Oesterreichs zum Zollverein durch die verabredeten niederen Zollsätze gefährdet erklärten. Ebenso den Handelsvertrag mit Italien, welcher gleiche Anstände wegen der dadurch involvirten Anerkennung dieses neuen Königreichs hervorrief;

ferner mit England und Belgien. Daburch führte sich Preußen ge-
wissermaßen als Führer Jung=Deutschlands bei den westeuropäischen
bebeutenderen Staaten ein, während biese zugleich bie Ueberzeugung
gewinnen mußten, baß eine solche Direktion ben biverfen politischen
und kommerziellen Sympathien und Antipathien der Staaten und
Stäätchen Deutschlands gegenüber nothwendig sei.

Auch der überseeische Verkehr wurde von Preußen in das Auge
gefaßt und allmälig eine eigene Kriegsmarine zum Schutze bes
preußischen und mittelbar des deutschen Seehandels geschaffen. Dieser
Schutz ist auch nothwendig. Die deutsche Handelsflotte ist nach der
englischen bie stärkste in Europa. Die norddeutschen Schiffe,
welche zur See gehen, tragen zusammen 1,200,000 Last à 2000 Pfund,
worunter preußische Schiffe mit 382,000 Last. Die österreichisch=
venetianische trug bisher 350,000 Tonnen, wird aber in Folge
des Verlusts Venetiens noch weiter zurückgehen. Während bie öster=
reichische Novara eine interessante wissenschaftliche, besonders geolo=
gische Reise um bie Welt machte, schickte Preußen einige seiner Schiffe
nach China und Japan, um biese entfernten Reiche auch für bie
deutsche Industrie und den deutschen Handel durch Verträge mit ben
bortigen Regierungen zu erschließen.

Soll Deutschland eine seinem Handel entsprechende Seemacht
bilden, so muß es auch seine gesicherten Werften und Seehäfen haben.
Jedermann, auch Oesterreich, ist barüber einig, baß Kiel als Kriegs=
hafen ersten Rangs in der Ostsee und bie Fortifikationen in Renbs=
burg und Alsen zum Schutze des deutschen Nordens unter preußische
Hoheit kommen sollen. Preußen, das zur Befreiung der Herzogthümer
Schleswig, Holstein und Lauenburg bas Meiste beigetragen, verlangt
aber nicht blos bieß, sondern bie Herzogthümer selbst mit einer
Gesammtbevölkerung von nahezu 1 Million, mindestens bie Militär=
hoheit in benselben, während Oesterreich in bem Wiener Vertrag
vom 30. Oktober 1864 gemeinsam mit Preußen sich von Dänemark
bessen (?) Rechte auf ben Besitz der Elbherzogthümer hat abtreten
lassen. In bem Vertrage zu Gastein verkaufte Oesterreich seine
Hälfte von Lauenburg an Preußen; Schleswig=Holstein aber, welches

dem alten Rechte nach ungetrennt beisammen bleiben sollte, wurde mit Preußen getheilt, so daß dieses nun auch Schleswig in seinen ausschließlichen Besitz erhielt, während Holstein in den Besitz Oester=reichs überging. In diesen einseitigen und doch keinen Theil befriedigenden Abmachungen lag der erste Keim zu dem jetzigen Kriege. Nicht um die Rechte des Prinzen von Augustenburg oder die Installirung eines neuen deutschen Souveräns war es Oesterreich wie Preußen zu thun. Jenes rieth gleich bei Beginn des dänischen Kriegs, den Prinzen durch Gefangensetzung abzuhalten, nach Holstein zu gehen, wodurch man aber in Berlin sich nicht unpopulär machen wollte. Später trug Preußen bei Oesterreich, als dem Besitzer Holsteins, darauf an, den Prätendenten nöthigenfalls mit Gewalt zu entfernen; nun wollte aber wieder Oesterreich nicht. Preußen schaltete in Schleswig wie in einem eigenen Lande; als aber Oesterreich die holsteinischen Stände versammeln wollte, um über die künftige Ordnung sich auszusprechen, sah Preußen darin eine Verletzung des Gasteiner Vertrags und machte sein Mitbesitzrecht an Holstein wieder geltend. Für Oesterreich hatte der Besitz von Holstein, gleichsam einer verlorenen Schildwache im entfernten Norden, weniger Werth, als für Preußen; aber Oesterreich glaubte eine größere ein=seitige Machtvergrößerung Preußens nicht zugeben zu können, ohne eine territoriale Ausgleichung. Mit anderen Worten: das Einver=ständniß beider Mächte und damit die vermuthlich letzte Probe des Dualismus in Deutschland zerschlug sich daran, daß das rechte Ausgleichungsobjekt nicht gefunden wurde. In der That soll Bismarck vor Beginn des Konflikts die Garantie Venetiens als Gegenleistung Oesterreich angeboten haben, dieses Offert aber von dem Grafen v. Mensdorff zu leicht gefunden worden sein. Immerhin wird man Oesterreich, das so tapfer zur Erkämpfung der Herzogthümer mitge=wirkt und deßhalb ein dankbares Andenken dort zurückgelassen hat, andererseits nicht den Vorwurf ersparen können, daß es Preußen bei seinen Annektirungsversuchen zuerst behilflich gewesen. Aber auch der deutsche Bund, welcher bis heute über das große v. d. Pforbten'sche Gutachten in Betreff der Successionsfrage nicht schlüssig geworden ist, sondern stillschweigend geschehen ließ, was die beiden Vormächte für sich über zwei Bundeslande verfügten, kam mit seiner Entrüstung gegen Preußens gewaltsames Vorgehen jedenfalls zu spät, erst in einem Augenblicke, wo Oesterreich die militärische Position jenseits der Elbe faktisch aufgab und deßhalb über Hannover eilig die Kalik'sche Brigade zurückzog, nachdem Hannover und Sachsen, welche früher mit der Besetzung Holsteins beauftragt waren, auf Beschluß des Bundes längst ihre Truppen zurückgerufen hatten. Uebrigens hat Preußen Schleswig-Holstein sich noch nicht förmlich annektirt, sondern nur nach dem Abzug Oesterreichs nun auch Holstein in alleinigem Besitz genommen. Wie die Stellung der Herzogthümer zu Preußen und zu Teutschland künftig sich gestalten soll, wird von dem zu erwartenden Friedensschlusse abhängen.

Mittlerweile haben sich die Bismarck'schen Pläne weiter entwickelt — durch den bei dem Bunde gestellten Antrag auf eine Bundesreform unter Ausschluß Oesterreichs und der niederländischen Bundestheile (Luxemburg und Limburg mit 426,000 Einwohnern), durch die Drohnoten an die k. Regierungen in Sachsen und Hannover wegen dortiger Kriegsrüstungen, weiterhin durch den förmlichen Austritt Preußens aus dem Bund in Folge der angedrohten Bundesexekution, endlich durch das kriegerische Vorgehen Preußens wider Oesterreich und andere Bundesstaaten, welche sich auf die Seite Oesterreichs gestellt hatten. Zwischenherein erfolgte die abermalige Auflösung der preußischen Kammer der Abgeordneten und die angeordnete Neuwahl derselben, nebst anderen Schritten, welche zeigten, daß eine Nachgiebigkeit der Krone auch in der inneren Politik vorerst nicht zu erwarten sei. Und doch warb Bismarck zu derselben Zeit für die von ihm angekündigte Institution eines deutschen Parlaments, als Mitfaktors bei der künftigen Bundesgesetzgebung; und zwar sollte dieses Parlament gewählt werden nach dem von der Nationalversammlung zu Frankfurt ausgegangenen Reichswahlgesetz von 1849, welches ein fast unbeschränktes aktives und passives Wahlgesetz für den späteren Reichstag anerkennt. Durfte man in so ernster Zeit und in der schwierigen Lage des preußischen Staats, der, abgesehen von der geheimen italienischen Allianz (10. April), ganz auf seine eigenen Kräfte angewiesen war, nicht an einen leichtfertigen coup de théâtre denken, ersonnen, um auch einer deutschen Volksvertretung ihre Ohnmacht zu zeigen, so meinten dagegen Andere, indem sie bereits den Untergang Preußens verkündigten, die Verzweiflung hätte in Berlin jenes populäre Anerbieten hervorgerufen, oder Graf Bismarck schicke sich an, wie Reinecke Fuchs, vor aller Welt Buße zu thun, bevor er verurtheilt werde. Allein so ganz frisch war der Gedanke eines deutschen Parlaments nicht aus dem fruchtbaren Kopfe Bismarck's hervorgewachsen. Schon 1863, als Preußen von dem k. k. österr. Reform-Entwurfe fast ebenso sehr überrascht wurde, wie die übrige Welt, hatte Bismarck, der eben mit seinem Herrn gemüthlich sich in Baden befand, während die glänzende Fürstenversammlung zu Frankfurt a. M. unter dem Vorsitze des Kaisers tagte, dem hier angenommenen Delegirten-Projekt (welches beispielsweise in Württemberg bei den Wahlen nach Frankfurt durch die vereinigten Kammern ähnliche Resultate geliefert hätte, wie bei der Bestellung des ständischen Ausschusses und den Wahlen zum Staatsgerichtshof) den Vorschlag eines wirklichen Parlaments mit direktem allgemeinem Wahlrecht entgegengesetzt.

Warum hat die Mehrheit der Bundesversammlung jetzt, da Preußen diesen Vorschlag ordnungsmäßig einbrachte, nicht den dargereichten Oelzweig ergriffen, um, wenn auch nicht dem Kriege, worauf die „bundestreuen" Regierungen gar nicht vorgesehen waren, zu begegnen, so doch ihn aufzuschieben und den Liberalismus des preußischen Ministers der auswärtigen Angelegenheiten auf eine ernste Probe zu stellen? Vor einem deutschen Gesammtparlamente, zusammengesetzt aus freigewählten Abgeordneten des deutschen Nordens und Südens, wenn auch mit vorläufiger Beiseitlassung Oesterreichs, wie in der Reichsverfassung von 1849, hätte Graf Bismarck Farbe bekennen, er hätte sich aussprechen müssen, wie die neue „Bundesgewalt" beschaffen sein solle, wie weit er die Rechte der einzelnen Staaten noch respektire und ob er das Parlament etwa zu einer gleichen Ohnmacht verurtheilen wolle, wie das preußische Abgeordnetenhaus.

Und das berufene Parlament würde sich, mit Einschluß der Mehrzahl der preußischen Mitglieder, **gegen** den deutschen Krieg erklärt
haben. — Allein die souveränen deutschen Höfe, welchen zum Theil
schon das österreichische Reformprojekt von 1863 zu weit gegangen
war, wollten **meist kein Parlament**, so wenig aus den Händen des
gewaltigen Bismarck, als aus der Verlassenschaft der Frankfurter
Nationalversammlung, deren Beschlüsse sie entweder nicht oder nur
nothgedrungen anerkannt und nachher wieder verläugnet hatten. Sie
zogen den Krieg vor; ja der Bismarck'sche Reformversuch war, trotz
des darin konservirten Bundestags, für den grünen Tisch im Bun-
despalast zu Frankfurt **ein Grund weiter für den Krieg**, indem die Ueberzeugung obwaltete, daß Oesterreich siegen, die Souve-
ränetäten nochmals garantiren und den alten Bund nebst dem ge-
demüthigten Preußen in die dunkle Eschenheimer Gasse zurückführen
werde.

So bekamen wir diesen Krieg, und wollte Gott, man könnte
sagen: wir **hatten** den Krieg; denn noch stehen sich die Heere bei
Wien, am Rhein und Main u. s. w. (wo sind nicht die Preußen?)
schlagfertig gegenüber, wenn auch vom 22. Juli ab eine Waffenruhe
auf kurze 5 Tage zwischen den Hauptbetheiligten verabredet und einstweilen Waffenstillstand mit Demarkationslinien allerseits abgeschlossen wurde.

Schwierig und unrühmlich hat sich in diesem Kriege die Lage
der deutschen Mittel- und Kleinstaaten gezeigt, welche nicht je für sich
kriegsfähig sind, sondern nur als Bundesglieder an einer gemeinsamen Aktion theilnehmen können. Die Kriegsverfassung des Bundes,
wie sie aus einer Anzahl von alten und neuen Bundesbeschlüssen und
Zusätzen hervorgegangen, ist so künstlich geordnet, daß jeder, auch
der kleinste Bundesstaat, seine Souveränetät darin gewahrt findet,
aber auch so schwerfällig und gefährlich eingerichtet, daß der alte
österreichische Kriegsrath, welcher von Wien aus die entfernten
Schlachten lenkte, eine Musteranstalt dagegen war. Glücklicher Weise
ist die Wahl eines obersten Bundesfeldherrn, mit dem Befehl über
sämmtliche 10 Bundesarmeekorps, seit der Stiftung des Bundes

nicht vorgekommen. Im Jahr 1859 beantragte zwar Oesterreich die
Wahl des Prinzregenten von Preußen zum Oberfeldherrn; aber gleichzeitig mit diesem Antrag kam auch die Nachricht von dem Waffenstillstand zu Villafranca und darauf die Zurückziehung jenes Antrags
nach Frankfurt. Auch in dem gegenwärtigen Krieg agirte die österreichische Armee unabhängig von dem Bunde. Die sächsischen Truppen, welche zum 9. deutschen Armeekorps gehören, haben sich bekannt-
lich dem österreichischen Heere angeschlossen; die hannover'schen, nachdem es „nicht möglich" geworden, sie für die Bundesarmee zu retten,
sind von den Preußen nach Hause entlassen worden. Andere Kontingente des 9. und 10. Armeekorps standen theils auf preußischer
Seite, theils in den Bundesfestungen, oder sie haben — nach
mehreren Wochen — ihre Vereinigung mit dem 7. (Baiern) und mit
dem gemischten 8. Armeekorps bei Würzburg vollzogen. Der Befehlshaber dieses achten, von Württemberg, Baden und Hessen=Darmstadt
gestellten Heerkörpers, Prinz Alexander von Hessen, wurde gleich Anfangs durch Anordnung des Bundes dem Befehlshaber des 7. Bun-
deskorps, Prinz Karl von Baiern, untergeordnet, welcher sich wieder
mit dem österreichischen Generalissimus in Böhmen, Feldzeugmeister
v. Benedek, in's Einvernehmen setzen sollte, dem jedoch später nach
verändertem Kriegsschauplatz Erzherzog Albrecht vom Kaiser vor-
gesetzt wurde. Unter den Befehlshabern der gemischten Korps
(des 8. 9. und 10.) standen wieder die Anführer der dazu gehörigen
Landesarmeen (des württembergischen, badischen Korps u. s. f.) mit
einer gewissen Selbstständigkeit, und es ließ sich nicht verhindern,
daß dieselben von ihren respektiven „Kriegsherrn" oder deren Ministern geheime Weisungen von Haus aus mitbekamen oder im Felde
nachgeschickt erhielten, während der Bundesfeldherr allerdings nur der
Bundesversammlung verantwortlich ist, welche aber nicht aus Mili-
tärs, sondern aus den Gesandten der einzelnen Staaten besteht, und
neben dem Militärausschuß (wieder einzelnen Bundestagsgesandten),
einer technischen Militärkommission (aus Offizieren bestehend) zu ihrer
Unterstützung bedarf. Genug, um die traurigen Mißstände, welche
sich bei der Führung, Verwendung und Verpflegung des 7. und

8. Armeekorps herausgestellt haben, erklärlich zu finden. Und diese militärische Organisation Deutschlands, bei welcher ein Bundeskrieg, zumal einem einheitlich geführten Heere gegenüber, gar nicht mit Aussicht auf Erfolg geführt werden kann,[*] wünscht man auch jetzt noch zu konserviren; man will namentlich nicht auf die Militär= macht im Frieden, wo man sich auf den Krieg zu bereiten hat, zu Gunsten einer einheitlichen Leitung und eines deutschen Wehr= systems verzichten — auf die Gefahr hin, bei dem nächsten Anprall von außen ganz Deutschland wieder in Gefahr zu bringen. (Oder um „lieber französisch als preußisch" geleitet zu sein?)

Wir haben niemals verschwiegen, was uns an den Bismarck'schen Mitteln und Wegen bedenklich, zum Theil verwerflich erschien. Eine verfassungsfeindliche Politik im Innern bot eben· keine Versuchung dar, sich der auswärtigen Leitung Preußens anzuvertrauen. Wir sind auch keine Anbeter des Erfolgs; wir halten die Selbstbestimmung der Herzogthümer wie der andern deutschen Staaten innerhalb der Schranken, welche durch die Verfassung und das Bedürfniß der Na= tion gesetzt sind, noch jetzt für ein unbestreitbares Recht, obgleich für den Augenblick dieselbe durch den Krieg nahezu aufgehoben ist. Wir ehren nach wie vor das konsequente Festhalten des dreimal aufgelösten preußischen Abgeordnetenhauses und des preußischen Volkes an seiner Verfassung, obgleich die konservative oder junker= lich=pfäffische Partei eine Anzahl weiterer Stimmen bei der Neuwahl gewonnen hat. Aber wir halten nicht, wie die sog. Volkspartei, an gewissen ausgesprochenen demokratischen Lehrsätzen oder an per= sönlichen Sympathien oder Antipathien fest — auf die Gefahr hin, die hohen nationalen Ziele, wofür wir seit Jahrzehnten gekämpft, zu verlieren. Wenn Preußen an der Stelle des bisherigen Bundes einen Bundesstaat mit 36 Millionen Einwohner fertig bringt und kei=

---

[*] Dieß ist nachgewiesen in der Flugschrift III. des Nationalvereins: „Die Bundeskriegsverfassung", Coburg 1861 (später wiederholt gedruckt). Vergl. die Erör= terungen über die deutsche Frage, insbesondere die Kriegsverfassung auf dem württemb. Landtag von 1861. S. 2797, 3945, 3949 der Prot. der Abg.

nen Unterschied zwischen Norden und Süden, keine
Mainlinie zuläßt, so werden wir dem wunderbar raschen Gange
der Dinge uns nicht beßhalb entgegenstemmen, weil nicht eine Volks-
erhebung, wie 1848, sondern ein Kabinetskrieg und ein diplomatisches
Schachspiel den Ausschlag gegeben haben.

Wir werden auch die Parlamentswahlen mit Freude vollziehen und können nur wünschen, daß der Anerkennung des Reichswahlgesetzes von 1849 auch die der Reichsverfassung aus derselben Zeit (Aenderungen auf dem von ihr bestimmten Wege vorbehalten) bald nachfolgen möge.*) Damit wären nicht blos neue um-
ständliche Berathungen über ein, noch nicht einmal vorbereitetes, neues
Verfassungswerk abgeschnitten, sondern es würden zugleich die durch
kriegerische Gewalt erzielten Erfolge einen für das öffentliche
Gewissen und die Rechte der Nation versöhnenden,
ehrenvollen Abschluß erhalten. Auch die Zwistigkeiten zwischen
Regierungen und Ständen, welche seit der Reaktion von 1850 sich
in einzelnen Staaten fortgesponnen haben, würden voraussichtlich auf
jener Grundlage leichter wieder zur Ruhe kommen. Die schleswig-
holsteinischen Stände würden glücklich sein, wie sie voraus
schon erklärt haben, der neuen deutschen Verfassung und den Beschlüssen eines deutschen Parlaments sich unterordnen zu können,
und auch die preußische Frage von der Militär-Organisation und
dem hohen Präsenzstande, wovon der dortige Streit über das Budget-
recht ausgegangen, würde sich von selbst lösen, wenn dem, allerdings
unvollständigen und unbefriedigenden Bismarck'schen Reformvorschlage
gemäß das Militärbudget aller deutschen Staaten, wie das Marine-
budget künftig von dem Gesammtparlament zu berathen und gutzu-
heißen wäre.

Der verwundbarste Fleck in diesem Reformvorschlage ist nach der
Gefühlsanschauung vieler unserer süddeutschen Politiker der Ausschluß
Oesterreichs aus dem neuen Bunde. Wir wollen in diesem Augen-

---

*) Seit Obiges geschrieben ist, hat auch die Berliner Volkszeitung diesen Schritt
empfohlen.

blicke dem darniederliegenden Oesterreich gegenüber nicht Anklagen wiederholen, wie sie die Geschichte der drei letzten Jahrhunderte aufweist. Es genüge zu sagen, daß die österreichische Regierung schon 1849 erklärt hat, dem Bundesstaate sich nicht anschließen zu können, daß ein solcher Anschluß des großen, viel verzweigten Kaiserstaats mit den ihm jetzt noch bleibenden 34 Millionen in der That auch ein Ding der Unmöglichkeit wäre, daß aber deßhalb Oesterreich das übrige Deutschland nicht ferner hindern darf, sich neu zu gestalten und den bisherigen unnützen Bund abzuwerfen, welcher mehr eine moralische Trennung als ein Band zwischen Oesterreich und Deutschland war. Möge nach den neuen traurigen Erfahrungen Oesterreich, wie nach dem italienischen Krieg von 1859, sich bald wieder aufrichten und gleichfalls enger, aber zeitgemäß innerlich zusammenschließen, damit das Programm von Kremsier endlich wahr werde: ein verjüngtes Oesterreich neben einem geeinigten Deutschland!

––––––

Seit Obiges gedruckt worden*), haben sich Oesterreich und Preußen am 26. Juli 1866 zu Nikolsburg über einen Vorfrieden geeinigt, dessen Art. 2 also lautet:

> „Se. Majestät der Kaiser von Oesterreich erkennt die Auflösung des bisherigen deutschen Bundes an und gibt Seine Zustimmung zu einer neuen Gestaltung Deutschlands ohne Betheiligung des österreichischen Kaiserstaats. Ebenso verspricht Se. Majestät das engere Bundesverhältniß anzuerkennen, welches Se. Maj. der König von Preußen nördlich von der Linie des Mains begründen wird, und erklärt sich damit einverstanden, daß die südlich von dieser Linie gelegenen deutschen Staaten in einen Verein zusammentreten, dessen nationale Verbindung mit dem norddeutschen Bunde der Verständigung zwischen beiden vorbehalten bleibt."

––––––––

*) In der Schwäbischen Volkszeitung v. 20.—26. Juli 1866.

In einem Augenblicke, wo die Bevollmächtigten der südbeutschen Regierungen in Berlin sich befinden, um Frieden zu schließen und je besonders das künftige Verhältniß von Baiern, Württemberg u. s. w. zu Preußen zu bestimmen, drängt sich jedem Deutschen die Frage auf: wird die oft besprochene Mainlinie wirklich eine Scheidewand zwischen Norden und Süden bilden; werden die nördlich vom Main liegen= den deutschen Gebiete in einen e n g e r e n Bund, in einen Bundes= staat mit dem Großstaate Preußen treten, die diesseits=mainischen Hessen, Badener, Württemberger und Baiern aber gleichsam wie Pfahlbürger außen sitzen bleiben und nur durch ein völkerrechtliches Band mit den bisherigen Bundesgenossen in Nord und Mittel=Deutsch= land verbunden sein? Der Ausdruck „nationale Verbindung" ist unbestimmt und läßt sowohl die eben bemerkte Deutung als auch eine gemischte, sowohl staats= als völkerrechtliche Gemeinschaft zu, wie denn ja auch der bisherige deutsche Bund (confédération ger= manique) mit einzelnen staatsrechtlichen Zuthaten bekleidet war. Die französischen Vermittlungsvorschläge vom 14. Juli, welche Oesterreich sofort angenommen hat, lauten in dieser Beziehung genauer:

> » Les États Allemands situés au Sud du Main
> seront libres de former entre eux une Union de l'Alle-
> magne du Sud qui jouira d'une existence internatio-
> nale indépendante. Les liens nationaux à conserver
> entre l'Union du Nord et celle du Sud seront libre-
> ment réglés par une entente commune. «

Daß der südbeutsche Bund nicht mit dem norddeutschen zusam= menlaufe, wird hier gleichfalls angenommen und das Charakteristische des ersten darein gesetzt, daß er eine internationale, d. h. völker= rechtliche Existenz habe. Zugleich aber ist ausgesprochen, daß die n a= tionalen Bande zwischen dem Bunde des Nordens und dem des Südens durch freie Uebereinkunft beider Conföderationen werden ge= regelt werden, was dann wieder zu einem w e i t e r e n Bunde, der die deutschen Staaten diesseits und jenseits des Mains ohne Oesterreich einschlösse, führen könnte. Keineswegs ist aber gesagt, daß jeder

Staat in dem künftigen südbeutschen Bunde für sich wieder vollständig unabhängig sei, oder daß die Regierungen in Baiern, Württemberg, Baden und Hessendarmstadt nicht auf einen Theil ihrer Souveränetät zu Gunsten eines engeren oder weiteren Bundes verzichten können.

Gewiß ist, daß Oesterreich eingewilligt hat, die Neugestaltung Deutschlands ungehindert und ohne Betheiligung von seiner Seite geschehen zu lassen; ferner daß durch Aufstellung der Mainlinie der natürliche und geschichtliche Volksverband zwischen Süd= und Norddeutschland nicht zerrissen werden sollte, wie auch, daß es von der freien Selbstbestimmung der beiden Bünde, nachdem sie sich gebildet haben, abhängen wird, wie sie ihr Verhältniß zu einander, beziehungsweise zu dem vorbehaltenen weiteren Bunde ordnen wollen. Der norddeutsche Bund, oder der unter preußischer Führung sich bildende Bundesstaat ist bereits gesichert: denn die Verbündeten Preußens (Fürsten und 3 Hansestädte) haben sich bei dem Bündnisse voraus schon hiefür erklärt, und es werden in den einzelnen Staaten bereits die Wahlen zu dem Parlament vorbereitet. Aber der südbeutsche Sonderbund? Hier fehlt es noch an aller und jeder Vorbereitung. Wer soll die Initiative dazu ergreifen? Unter welcher Führung soll dieser halbe oder Viertelsbund stehen? In dem preußischen Reformvorschlage war wohl an die militärische Führung im Süden durch Baiern gedacht; doch der Bundesgewalt und dem Parlament sollte auch Südbeutschland unterworfen sein. Auch jene militärische Führerschaft wird aber nicht unbestritten ein für allemal Baiern von Württemberg, Baden oder Darmstadt zuerkannt werden wollen; und Baiern selbst wird kaum geneigt sein, eine solche schwierige Aufgabe zu übernehmen. Soll etwa die militärische Oberleitung im Süden einem auswärtigen Protektor, wie in dem ehemaligen Rheinbunde, angetragen werden? Schon jetzt hat sich die öffentliche Stimme überall in Deutschland so bestimmt gegen das gefährliche Projekt eines Südbundes ausgesprochen, daß auch die dortigen Regierungen, selbst wenn noch alte Rheinbundsgelüste da oder dort existiren sollten, wohl nicht dazu kommen werden, einen neuen, in sich schwachen und nur für das Ausland einladenden Bund ihren Landen aufzuerlegen.

In dem deutschen Reform-Grundrisse, wie er vor Beginn des Kriegs dem Bundestag zur Annahme empfohlen worden, lag die Unterscheidung zwischen einem norddeutschen und einem süddeutschen Bunde nicht; alle deutschen Staaten, mit Ausnahme der deutsch-österreichischen Lande, welche seit alten Zeiten eine Sonder-stellung zu dem deutschen Reiche einnahmen *), und der niederlän-dischen Gebiete Luxemburg (?) und Limburg, wovon dieses erst 1839 als Ersatz für die an Belgien gekommene Hälfte von Luxemburg zum Bunde gekommen ist, sollten unter einer gemeinsamen Bundesgewalt, welcher ein Parlament zur Seite stünde, vereinigt werden. Erst in Folge der von Oesterreich angerufenen französischen Vermittlung ist der neue gefährliche Plan aufgetaucht, und Preußen hat, obwohl siegreich in allen Schlachten, nur um den Vermittler sich nicht zum Feinde zu machen und um wenigstens das derzeit Mögliche zu sichern, sich „damit einverstanden erklärt“, daß die bei dem Vorfrie-den zu Nikolsburg nicht mitwirkenden Südstaaten zu einem abge-sonderten Vereine, vorbehältlich der nationalen Verbindung mit dem norddeutschen Bunde, zusammentreten. Diese Befugniß versteht sich, nachdem durch den Austritt Preußens der alte Bund gesprengt wor-den, von selbst, wofern nicht bei den im Werke befindlichen Berliner Friedensverhandlungen von den betheiligten Regierungen, Baiern, Württemberg u. s. f. darauf verzichtet wird.

Andererseits läßt sich aber auch Preußen und seinen Verbün-deten das Recht nicht abstreiten, die Südstaaten aus irgend welchem Grunde von dem engeren Bunde mit dem Norden entfernt zu halten oder die Zulassung derselben in so lange zu verschieben, bis die nord- und mittelbeutschen Lande jenes engere Bundesverhältniß hergestellt haben. Als Grund für eine solche Verschiebung hat die Kölnische Zeitung die gährenden politischen Elemente des Südens angeführt, welche leicht die Vereinbarung über eine neue Bundesverfassung stören oder hindern könnten. Wir glauben nicht, daß diese Besorgniß ge-

---

*) Daher der Unterschied, welcher bis heute im österreichischen Sprachgebrauch zwischen Oesterreich und „Deutschland“ gemacht wird.

gründet ist; jedenfalls würde es wenig Vertrauen zu der politischen
Zukunft Deutschlands und zu dem Verstande des deutschen Volkes ver=
rathen, wenn für nöthig gefunden würde, die alten Stämme der
Schwaben und Bayern und einen Theil der Bewohner des vormaligen
Herzogthums Franken blos deßwegen, weil sie südlich vom Maine zu
Hause sind, oder weil man irrthümlicher Weise ihnen einen schädlichen
Stammesgeist zuschreibt, von der Mitwirkung bei der Konstituirung
des Gesammtvaterlandes auszuschließen.

Eher möchten Rücksichten auf O e st e r r e i ch oder F r a n k r e i ch
bestimmend einwirken. Oesterreich hat aber in den Friedensprälimi=
narien zum Voraus schon seine Zustimmung zu einer Neugestaltung
Deutschlands gegeben und auf eine Betheiligung an diesem Geschäfte
verzichtet. Wenn gleich nun allerdings ein besonderer Verein der
südlichen Staaten vorbehalten wurde, so darf doch nicht unterstellt
werden, als ob Oesterreich damit eine Friedensbedingung zu seinem
eigenen Vortheil und nicht vielmehr eine Reservation zu Gunsten der
bisher mit ihm verbündeten Südstaaten beabsichtigt hätte, oder daß
diese genöthigt wären, in einen Sonderbund zu treten, wenn auch
ihre Interessen und die Wünsche der Bevölkerungen die dauernde Ver=
einigung mit dem Norden ihnen räthlich, ja nothwendig machten.
Auch eine f r a n z ö s i s ch e Einsprache gegen einen solchen Anschluß ist,
wenn wirklich der Südbund aus guten Gründen n i ch t z u S t a n d e
k o m m t, kaum zu erwarten.*) Der Kaiser der Franzosen hat an dem
Friedensgeschäft nicht weiter theilgenommen, als indem er auf den
Wunsch Oesterreichs seine Vermittlungsvorschläge beiden streitenden
Mächten mittheilte; der vorläufige Friedensvertrag ist von ihm nicht
unterzeichnet, begründet also auch keinerlei rechtliche Ansprüche Frank=
reichs auf das Zustandekommen eines besonderen Bundesverhältnisses im
Süden Deutschlands, selbst gegen den Willen der betheiligten Staaten.

——— ·———

*) Die Wiener Congreßacte von 1815, worin die 11 ersten Artikel der Bundes=
acte aufgenommen sind, weiß nichts von einem besondern Bunde der Südstaaten.
Die innere Verfassung Deutschlands ist aber diesem selbst zu überlassen; wir
mischen uns ja auch nicht in die Verfassungskämpfe Frankreichs und anderer Staaten.

Auch zu Kompenſations= oder Reſtitutions=Forderungen wegen
der vergrößerten Macht Preußens im Norden von Deutſch=
land hat Frankreich keine Veranlaſſung. Das „europäiſche Gleich=
gewicht“ iſt nicht dadurch geſtört, daß Preußen zu einer Territorial=
macht von 24 Millionen anwächſt, womit es noch lange nicht den
Umfang Frankreichs, Oeſterreichs oder gar Rußlands erreicht. Eben=
ſowenig kann von einem Anſpruche Frankreichs auf die Grenzen von
1814 oder gar von 1812 ernſtlich die Rede ſein. Es kam zu Deutſch=
land 1814 und 1815 nur wieder theilweiſe dasjenige zurück, was
vor dem Frieden von Campo=Formio (1797) zum deutſchen Reiche
gehörte. Will man die abgeſchloſſenen Friedensverträge, weil durch
Krieg erwirkt, überhaupt nicht gelten laſſen, dann gibt es keinen
ſicheren Rechtsbeſtand unter Völkern, kein europäiſches Völkerrecht
mehr, ſondern nur einen perpetuellen Kriegszuſtand, ein ſog. Fauſt=
recht (jus fortioris), das ſo lange bauert, bis die Machthaber gegen=
ſeitig zur Ueberzeugung gelangen, daß die Throne und Staaten nur
feſtſtehen, wenn der Grundſatz gilt: die Verträge müſſen gehalten
werden (pacta sunt servanda). Außer den Fürſten gibt es aber
noch andere Berechtigte; das ſind die Völker, welche ſchließlich
über ihre Zukunft zu entſcheiden haben. Einem Auskunftsmittel in
dieſem Sinne würde auch Napoleon III. nach ſeinen ausgeſprochenen
Grundſätzen und würden auch ſüddeutſche Fürſten nicht entgegentreten
können: wir meinen die ungeſäumte Berufung des in den preußi=
ſchen Grundzügen vom 10. Juni 1866 vorgeſchlagenen und von der
Mehrheit der deutſchen Regierungen bereits angenommenen deut=
ſchen Parlaments, welches in kürzerer Zeit, als unſere Diplo=
maten und auch als die frühere Nationalverſammlung über die Ober=
hauptsfrage beſchließen würde.

Wohl gibt es in Frankreich Stimmen, welche Deutſchland
die Stärkung ſeiner Macht und die angebahnte Einheit mißgönnen.
Aber dieſen Perückenträgern einer verlebten alt=franzöſiſchen Politik
ſtehen gemäßigte Politiker entgegen, z. B. Gueroult (Opinion nationale), welcher richtig darauf hinweiſt: ein unfehlbares Mittel zur
Verſchmelzung des Südens mit dem Norden wäre, daß Frankreich

ben Willen bekundete, sie zu verhindern. — Das deutsche
Volk hat Jahrhunderte hindurch die Hoffnung auf eine feste Wieder=
vereinigung im Herzen getragen und wird sich den rechten Augenblick
zur Erfüllung derselben, unter den Fittigen des alten Aar, nicht
wieder entreißen lassen — weder durch äußere, noch durch innere
Feinde!